Facile à dire!

Les Sons du français

Facile à dire!
Les Sons du français

Annie Duménil

University of South Carolina

Upper Saddle River, New Jersey 07458

Library of Congress Cataloging-in-Publication Data

Duménil, Annie, (date)
   Facile à dire! Les Sons du français / Annie Duménil.
      p. cm.
   Includes bibliographical references.
   ISBN 0-13-060141-1
   1. French language—Phonetics. I. Title.

   PC2135 .D85 2002
   441'.58—dc21   2002022794

Publisher: *Phil Miller*
Assistant Director of Production: *Mary Rottino*
Assistant Editor: *Meriel Martínez*
Production Editor: *Claudia Dukeshire*
Editorial Assistant: *Meghan Barnes*
Prepress and Manufacturing Manager: *Nick Sklitsis*
Prepress and Manufacturing Buyer: *Tricia Kenny*
Director of Marketing: *Rolando Hernández*
Marketing Manager: *Stacy Best*
Cover Art Director: *Jayne Conti*

This book was set in 10/12 Stone Serif by *TSI Graphics*
and was printed and bound by *Von Hoffman Press, Inc.*
The cover was printed by *Phoenix Color Corp.*

 ©2003 by Pearson Education, Inc.
Upper Saddle River, New Jersey 07458

Printed in the United States of America
10 9 8 7 6 5 4 3

ISBN: 0-13-060141-1

Pearson Education LTD., *London*
Pearson Education Australia PTY, Limited, *Sydney*
Pearson Education Singapore, Pte. Ltd
Pearson Education North Asia Ltd, *Hong Kong*
Pearson Education Canada, Ltd, *Toronto*
Pearson Educación de México, S.A. de C.V.
Pearson Education — Japan, *Tokyo*
Pearson Education Malaysia, Pte. Ltd
Pearson Education, *Upper Saddle River*, New Jersey

▼ ▼ ▼ ▼ ▼ ▼ ▼ ▼ ▼ ▼ ▼ ▼

I wish to dedicate this book

to Jeanette, Jerry, and Josh.

▲ ▲ ▲ ▲ ▲ ▲ ▲ ▲ ▲ ▲ ▲ ▲

Table des matières

Préface

Facile à dire was written for third-year French students and is based on materials developed for a French phonetics course taught at the University of South Carolina at Columbia. All materials presented in the book have been tested and revised according to students' comments from questionnaires and their reactions in the phonetics course. In addition to the main text, the book also includes a 150-minute recording, on three audio CDs, of the pronunciation and transcription exercises marked 𝄞 in the book. Supplementary testing and practice materials (with **dictées phonétiques** for each lesson) are also available from the author at <u>dumenila@sc.edu</u> to adopters of the book, together with a model syllabus.

The purpose of *Facile à dire* is to help students improve their pronunciation while they learn the rules of "standardized" spoken French. To that aim, the book takes into account the major contrastive features of the sounds of French and English and addresses the particular challenges that American native speakers face when learning to pronounce French. The book treats all the sounds of the language in detail. With the help of chart summaries, it expands on the discussion of sounds that present the most difficulty for students, such as nasal vowels, mid vowels, semi-vowels, mute e, liaison. Finally, the book discusses the correlation between sound and spelling in the case of certain consonants.

The book is divided into fourteen chapters, and the materials can be taught in their entirety in 42 (50-minute) class days. Since some series of sounds are more challenging to students, the chapters are of unequal length. However, all chapters are similarly organized:

▸ Description of the articulatory features of the sounds with a discussion of the contrastive features with English wherever relevant

▸ A chart for each sound discussed and the corresponding (general) spelling, with accompanying comments

▸ Pronunciation exercises with emphasis on each sound discussed, but also with ongoing practice of the sounds presented previously

▸ Transcription exercises (at the sentence level), which also serve as pronunciation practice for students

▸ Discussion of sound variation wherever relevant

▸ Additional transcription exercises in the case of sound variation

▸ Chart summaries in the case of nasal vowels, semi-vowels, mid vowels, mute e, and liaison.

In addition, the book includes, for each major series of sounds, a review section with supplementary transcription/discussion exercises and answer keys, to transcriptions and discussion questions, together with additional pronunciation practice at the sentence level.

Remerciements

I owe a big debt of gratitude to my Fr. 300 (French Phonetics) students who suggested that I write a phonetics textbook and who inspired me, through their comments and their support over the past several years, to complete this manuscript. To all of you, merci de tout cœur!

I am also very grateful to my friends and colleagues at the University of South Carolina for their various and very valuable contributions: John Duffy and Brigitte Guillemin-Persels (with special thanks for the recordings); Carla Grimes, who read portions of the manuscript and helped with the recordings; Bill Edmiston for his support; and Lonnie Rozier, audio producer at Distance Education Instructional Support. Many professionals from Prentice-Hall assisted me in this project; I wish to thank particularly Meghan Barnes and Claudia Dukeshire for their invaluable contributions to the project; and Karen Hohner for her thorough editing and constructive comments. Thanks are also due to Carol Hill and Rosemary Bradley for helping get this project started. The reviewers of the manuscript also offered many helpful comments and suggestions. Similarly, I am grateful to the late and sadly missed Si Belasco, who read the introductory pages of the manuscript and who—in his characteristic way—returned them with many comments.

Thanks also to the manuscript reviewers: Leslie A. Sconduto, Armstrong Atlantic State University; Joan E. McRae, Hampden-Sydney College; Carmen Grace, University of Colorado; Helene Neu, University of Michigan; Veronica M. Eid, University of Delaware; Claire L. Dehon, Kansas State University; Delphine Perret, San Francisco State University.

Finally, I would like to thank my husband, Jerry Wallulis, for his support, and my patient daughter, Jeanette, who proofread the manuscript for typographical errors and volunteered to prepare delicious meals to help out during the last weeks of the manuscript completion.

Annie Duménil

Facile à dire!

Les Sons du français

INTRODUCTION

Principes généraux

0.1 Notions de base ▼

Toute langue se compose de sons qui représentent la plus petite unité significative de la chaîne parlée. Ainsi, le mot **roue** comprend deux sons: [ʀ] et [u]. Dans une transcription phonétique—nous utilisons ici celle de l'Alphabet Phonétique International—le mot **roue** est transcrit [ʀu].

L'association des deux sons qui composent le mot **roue** est distinctive. Prenons, par exemple, le mot **rue** (transcrit [ʀy] en phonétique). Le son [ʀ] est présent dans les mots **roue** et **rue**, mais ces deux mots n'ont pas le même sens. Dans un cas, l'image d'un cercle vient à l'esprit, dans l'autre, l'image de deux lignes parallèles. La substitution du son [y] au son [u] a changé le sens du mot: les sons [u] et [y] sont des PHONÈMES, des unités de son qui changent le sens d'un mot. Dans une notation linguistique, on utilise deux barres obliques (//) pour indiquer qu'un son est un phonème, par exemple: /u/. Les mots **roue** et **rue** sont en contraste phonémique (ils n'ont pas le même sens) et ils représentent des PAIRES MINIMALES, c'est-à-dire des mots qui ne diffèrent que par un seul son.

Prenons maintenant l'exemple du mot *pot* en anglais. Dans le mot *pot*, le son [p] est aspiré: une petite explosion d'air est présente dans la production de la consonne. Le son [p] est transcrit phonétiquement [p'] (le ['] indique l'aspiration). Si un locuteur français prononce le mot anglais *pot*, il est vraisemblable qu'il ne produira pas d'aspiration dans sa prononciation. Le locuteur n'est pas habitué à utiliser un [p'] aspiré puisqu'il n'y a pas de consonne aspirée en français.

Cependant, un interlocuteur de langue anglaise reconnaîtra peut-être le mot *pot* malgré l'absence d'aspiration. Auquel cas, la différence entre le [p] sans aspiration produit par le locuteur français et le [p'] que produirait le locuteur de langue anglaise n'est pas significative. On dira donc que [p] et [p'] sont des VARIANTES PHONÉTIQUES: la façon dont ces deux sons sont produits est différente, mais cette différence ne change pas le sens du mot si l'interlocuteur de langue anglaise reconnaît le phonème /p/ dans *pot*.

Comparons maintenant les mots *pot* et *spot* en anglais. Dans *pot*, [p] est aspiré, mais il ne l'est pas dans *spot*. Parce que [p] est toujours aspiré en position initiale de mot en anglais mais n'est pas aspiré en position médiale (*spot*) ou finale (*top*), on dira que [p'] dans *pot* et [p] dans *spot* sont en DISTRIBUTION COMPLÉMENTAIRE: un son apparaît dans un certain environnement où un autre n'apparaît pas.

Revenons maintenant à notre locuteur français et au mot *pot*. Notre locuteur savait quel mot il voulait utiliser en anglais et quels sons choisir. Il n'a pas dit *lot* ou *tot*, il a dit *pot*, mais il a fait une erreur de prononciation tout à fait naturelle, puisqu'il a substitué le son [p] de sa langue maternelle au son [p'] de la langue qu'il voulait parler: l'anglais. Cependant, et malheureusement pour notre locuteur français, le fait d'apprendre qu'il devrait utiliser le son [p'] ne suffit pas à lui garantir une prononciation correcte en ce qui concerne la langue anglaise. En effet, quand notre locuteur essaiera d'utiliser le mot *pot* dans un énoncé tel que, par exemple, *I looked for the pot in the cupboard, but I couldn't find it*, le locuteur devra non seulement s'assurer de bien prononcer chaque mot de l'énoncé, mais devra également utiliser l'accentuation correcte et, en général, la mélodie propre à la langue anglaise. Ainsi, il est nécessaire, dans l'apprentissage de toute langue, non seulement de bien articuler les sons de la langue, mais aussi de savoir comment les organiser dans la chaîne parlée.

Ce manuel s'adresse aux apprenants qui veulent acquérir les bases articulatoires du français et qui souhaitent améliorer leur prononciation et leur compréhension des sons de la langue. Bien sûr, certains aspects liés aux bases phonétiques du français paraîtront peut-être un peu complexes et même frustrants dans certains cas, mais nous espérons que ces bases phonétiques seront utiles à l'apprenant qui souhaite perfectionner sa maîtrise des sons du français et qui s'intéresse au fonctionnement de la langue parlée.

0.2 Un modèle de langue ▼ ▼ ▼ ▼ ▼ ▼ ▼ ▼ ▼ ▼ ▼ ▼ ▼ ▼ ▼ ▼ ▼

D'un point de vue pratique, il est un peu problématique de choisir un modèle de prononciation dans la mesure où toute langue a plusieurs variétés régionales. De plus, à l'intérieur de chaque variété régionale, il existe également d'autres variations qui sont dûes à la situation socio-économique des locuteurs: leur degré d'éducation, leur profession, leur âge, etc. A cela, s'ajoute le fait que la langue est dynamique, c'est-à-dire qu'elle change de génération en génération, dans la façon dont elle est parlée ou écrite.

Par conséquent, bien que ce manuel mentionne certains traits du français «standard», le modèle de langue que nous utilisons ici est celui du français standardisé, qui reflète la prononciation des locuteurs cultivés telle qu'on peut l'entendre, par exemple, à la télévision ou la radio.

0.3 La production des sons de la parole ▼ ▼ ▼ ▼ ▼ ▼ ▼ ▼ ▼ ▼

L'air qui sort des poumons passe par la trachée artère. La trachée artère est une sorte de tube qui relie les poumons à la partie inférieure du larynx. Le larynx comprend deux bandes de tissus élastiques—les cordes vocales—qui règlent la pression de l'air dans la cage thoracique (où se trouvent les poumons). Les cordes vocales se rejoignent à l'avant du larynx mais à l'arrière, chacune est attachée à un cartilage mobile.

Quand on parle, les cordes vocales peuvent être rapprochées ou écartées. Quand les cordes vocales sont rapprochées, elles se mettent à vibrer sous l'effet de l'air expiré par les poumons et les sons produits sont dits «sonores» (ou «voisés»). Quand les cordes vocales sont écartées, il n'y a pas de vibrations et les sons produits sont appelés «sourds» (ou «non voisés»). L'espace entre les cordes vocales s'appelle la glotte. L'épiglotte, qui a la forme d'une petite langue cartilagineuse, est située juste au-dessus de la glotte. L'épiglotte s'abaisse quand on mange (pour empêcher le passage des aliments dans le larynx) et elle est relevée quand on parle.

Au sortir du larynx, l'air passe par la cavité pharyngale (le pharynx), la cavité buccale (la bouche) et aussi par la cavité nasale (le nez) si la luette (*uvula*), qui termine le palais mou, est abaissée. La partie inférieure de la cavité buccale contient la langue, les dents et la lèvre inférieure. La langue comprend deux parties principales: le dos (la partie postérieure) et la pointe (la partie antérieure). La partie supérieure de la cavité buccale comprend le palais mou (qui est terminé par la luette), le palais dur, les alvéoles (la partie bombée derrière les dents), les dents et la lèvre supérieure. La langue, les lèvres, le palais mou, le palais dur, les alvéoles et les dents (sans oublier les mâchoires) jouent un rôle très important dans l'articulation des sons.

0.4 Les caractéristiques générales des sons du français ▼ ▼ ▼ ▼

Les voyelles

Une voyelle est un son pour lequel le passage de l'air s'échappe librement dans la cavité buccale (on dit que la voyelle est orale), ainsi que dans la cavité nasale si le palais mou est abaissé (on dit que la voyelle est nasale). Toutes les voyelles sont voisées (les cordes vocales vibrent pendant leur production). Ce qui distingue les voyelles les unes des autres sont la position des lèvres, celle de la langue et leur aperture. Ainsi, les voyelles peuvent être arrondies ou écartées (en fonction de la forme prise par les lèvres). Elles peuvent être antérieures (quand la langue est avancée) ou postérieures (quand la langue est reculée) et elles peuvent être fermées, moyennes ou ouvertes (en fonction de la distance plus ou moins grande qui sépare le palais de la partie la plus élevée de la langue).

Les consonnes

A la différence des voyelles, le passage de l'air est entravé dans la production des consonnes. Ainsi, l'air peut être momentanément bloqué et la consonne produite s'appelle une occlusive. Dans le cas des consonnes nasales, une partie de l'air s'échappe par les cavités nasales. Un autre mode (une autre manière) de production est quand le passage de l'air est rétréci. L'air continue de s'échapper, mais la consonne est produite avec un bruit de friction. Cette consonne s'appelle alors une fricative ou une constrictive. Certaines consonnes sont voisées (sonores), d'autres sont non voisées (sourdes).

Les consonnes sont également classées en fonction de leur lieu d'articulation—l'endroit où l'occlusion du passage de l'air (ou la constriction) se produit. Les consonnes du français peuvent être labiales (avec le contact des deux lèvres), labio-dentales (avec le contact des dents supérieures et de la lèvre inférieure), dentales (la pointe de la langue est en contact avec les dents supérieures), alvéolaires (la pointe de la langue est en contact avec les alvéoles), palatales (le dos de la langue est en contact avec le palais dur), vélaires (le dos de la langue est en contact avec le palais mou) ou uvulaires (le dos de la langue est en contact avec l'arrière du palais mou).

Les semi-voyelles

Les trois semi-voyelles du français (qui sont aussi appelées semi-consonnes) se rapprochent des voyelles par leur lieu d'articulation, mais le passage de l'air entre la langue et le palais est plus étroit que pour les voyelles correspondantes. Les semi-voyelles sont voisées.

0.5 Les symboles linguistiques ▼ ▼ ▼ ▼ ▼ ▼ ▼ ▼ ▼ ▼ ▼ ▼ ▼

1. La notation [ ] (entre crochets) représente la façon dont un son est prononcé. Ainsi, la transcription phonétique du mot **lu** est [ly]. Il existe deux types de transcription phonétique: une transcription large et une transcription étroite. Cette dernière indique des détails précis en ce qui concerne la production d'un son. Par exemple, dans une transcription étroite, le mot **bise** est transcrit [bi:z] où [:] indique l'allongement de la voyelle accentuée devant le son [z]. Dans une transcription large, **bise** est transcrit [biz] sans [:]; parce que l'allongement de la voyelle est automatique dans cette position, il n'est pas indiqué. Dans ce manuel nous utiliserons une transcription large dans la plupart des cas.

2. La notation / / (entre barres obliques) indique qu'un son est un phonème. Dans ce manuel, nous utiliserons une transcription phonétique dans la plupart des cas puisque nous nous intéressons à la façon dont les phonèmes du français sont prononcés.

3. La notation < > indique la graphie (l'orthographe) d'un son. Ainsi [li] correspond au mot **lit,** qui est composé de trois lettres ou graphèmes: <l>, <i>, <t> = <lit>.

4. Comme le remarque Tranel (1987), un son peut correspondre à un seul graphème ou à plusieurs. Par exemple, le son [o] correspond au graphème <o> dans **sot** et aux graphèmes <eau> dans **peau** ([po]).

5. De même, comme Tranel l'indique, un graphème peut correspondre à plusieurs sons: <c> correspond au son [k] dans **car** et au son [s] dans **cil.**

6. Tout symbole phonétique représente un son prononcé. Il n'y a donc pas plus de symboles que de sons prononcés dans un mot. Notez également que le nombre de symboles utilisés dans la transcription phonétique d'un mot ne correspond pas nécessairement au nombre de graphèmes dans ce mot. Ainsi, la transcription phonétique du mot **gros** est [gʀo] parce que le <s> n'est pas prononcé (quatre graphèmes, trois symboles phonétiques). Par contre, la transcription: [gʀos] indique que le <s> est prononcé et que le mot correspondant est **grosse** (quatre symboles phonétiques, six graphèmes). De même, le mot **vide,** par exemple, est transcrit [vid] parce que le <e> final n'est pas prononcé.

7. Une transcription phonétique doit représenter la réalité de la chaîne parlée. L'énoncé **j'ai faim,** par exemple, est transcrit [ʒefɛ̃] et non pas [ʒe] [fɛ̃] parce que l'énoncé a été prononcé d'un seul souffle.

8. Le signe * en haut et à gauche d'une transcription phonétique indique une erreur. Par exemple, le mot **bœufs** n'est pas prononcé *[bœf], mais [bø].

9. En ce qui concerne la transcription phonétique du <e> «muet», nous utiliserons le symbole [ə] pour représenter le <e> quand il est prononcé. L'emploi de ce symbole est justifié dans le chapitre correspondant.

10. La notation ( ) indique que la présence d'un son est facultative. Par exemple, dans **je veux sortir,** le <e> de <je> peut être ou ne pas être prononcé. Ainsi, la notation [ʒ(ə)vøsɔʀtiʀ↘] représente soit la prononciation [ʒəvøsɔʀtiʀ↘] (où le <e> «muet» est prononcé), soit la prononciation [ʒvøsɔʀtiʀ↘] (où le <e> n'est pas prononcé).

11. Finalement, nous utiliserons la notation / (une barre oblique) pour indiquer une variante dans la prononciation. Dans **peureux,** par exemple, la première voyelle peut être prononcée avec le son [ø] ou le son [œ]. La transcription [pø/œʀø] indique que l'une ou l'autre des voyelles peut être utilisée.

Tableau 0.1: L'alphabet phonétique

LES CONSONNES

[p]	**p**as	[b]	**b**anc
[t]	**t**as	[d]	**d**ent
[k]	**c**as	[g]	**g**ant

[f]	**f**end	[v]	**v**ent
[s]	**s**ans	[z]	**z**an
[ʃ]	**ch**ant	[ʒ]	**g**ens

[m]	**m**on
[n]	**n**on
[ɲ]	**gn**on
[ŋ]	parki**ng**

[ʀ]	**r**as
[l]	las

LES SEMI-VOYELLES

[j]	ba**ill**e
[ɥ]	s**u**is
[w]	**ou**i

LES VOYELLES

[i]	s**i**	[y]	s**u**	[u]	s**ou**
[e]	s**e**s	[ø]	c**eu**x	[o]	s**o**t
[ɛ]	s**e**rt	[œ]	s**œu**r	[ɔ]	s**o**rt
[a]	t**a**che	[ɑ]	t**â**che		
[ɛ̃]	v**in**	[ɑ̃]	v**ent**	[ɔ̃]	v**ont**
[œ̃]	**un**				
[ə]	vend**r**edi				

PRONONCIATION ET TRANSCRIPTION

EXERCICE 1:

Répétez les mots suivants et transcrivez-les.

1. si _____
2. la _____
3. rue _____
4. thé _____
5. mot _____

6. bol _____
7. nous _____
8. mère _____
9. deux _____
10. peur _____

EXERCICE 2:

Répétez les mots suivants et transcrivez-les.

1. gâteau _____
2. aucun _____
3. bain _____
4. lui _____
5. bon _____

6. rien _____
7. lent _____
8. soir _____
9. montagne _____
10. smoking _____

Répétez les phrases suivantes et transcrivez-les.

1. Il a chaud. _____

2. Elle est gentille. _____

3. Marie est sympathique. _____

4. Nous avons mangé. _____

5. Vous parlez français? _____

6. Elle déteste les haricots verts. _____

7. Mon chien n'aime pas obéir. _____

8. Il est grand et mince. _____

9. Pourquoi l'avez-vous cru? _____

10. Cette région a des montagnes superbes. _____

_____

CHAPITRE 1

La chaîne parlée

Dans toute langue, la chaîne parlée se compose de sons, mais d'autres éléments entrent en jeu dans la production et la compréhension d'une phrase prononcée. Ces éléments sont spécifiques à chaque langue en ce qui concerne la façon dont ils sont organisés à l'intérieur de cette langue et comprennent, en plus du son, la syllabe, l'accentuation et l'intonation.

1.1 La syllabe ▼ ▼ ▼ ▼ ▼ ▼ ▼ ▼ ▼ ▼ ▼ ▼ ▼ ▼ ▼ ▼ ▼ ▼ ▼

La syllabe est une unité de rythme composée d'une voyelle à laquelle peut s'ajouter une consonne ou plus. Dans un mot en français, il y a autant de syllabes qu'il y a de voyelles prononcées. Par exemple, le mot **amie** a deux syllabes. La première syllabe est **$a** (le signe $ est utilisé ici pour indiquer une frontière de syllabe) et la deuxième syllabe est **$mie**. Notez que le <e> d'**amie** est muet et qu'il ne représente pas donc une syllabe.

La division syllabique en français

1. Si une voyelle est suivie d'une seule consonne prononcée, la division syllabique se fait avant la consonne:

jeunesse	= [ʒœnɛs]	= $ʒœ $nɛs	(deux syllabes)
amuser	= [amyze]	= $a $my $ze	(trois syllabes)
dessert	= [desɛʀ]	= $de $sɛʀ	(deux syllabes)

2. Si la voyelle est suivie de deux consonnes prononcées ou plus, la division syllabique se fait après la première consonne, sauf si la deuxième consonne est un [ʀ] ou un [l]:

perdu	= [pɛʀdy]	= $pɛʀ $dy
taxi	= [taksi]	= $tak $si
objet	= [ɔbʒɛ]	= $ɔb $ʒɛ

3. Si la deuxième consonne est un [ʀ] ou un [l], les deux consonnes font partie de la même syllabe, sauf si les deux consonnes sont les mêmes. Dans ce cas, la division se fait après la première consonne:

tableau	= [tablo]	= $ta $blo
appris	= [apʀi]	= $a $pʀi

MAIS:

courrait	= [kuʀʀɛ]	= $kuʀ $ʀɛ
illégal	= [illegal]	= $il $le $gal

4. Une semi-voyelle (appelée aussi semi-consonne) ne peut pas constituer le centre d'une syllabe. Elle est toujours rattachée à une voyelle:

parapluie	= [paʀaplɥi]	= $pa $ʀa $plɥi
travailler	= [tʀavaje]	= $tʀa $va $je
Louise	= [lwiz]	= $lwiz$

REMARQUE:

On appelle SYLLABE OUVERTE une syllabe qui se termine par une voyelle prononcée. On appelle SYLLABE FERMÉE une syllabe qui se termine par une consonne prononcée. Par exemple, dans **parti** la première syllabe **$par** est fermée et la deuxième syllabe **$ti** est ouverte. Dans **repos**, la première syllabe **$re** est ouverte et la deuxième syllabe **$pos** est ouverte: la graphie <s> ne correspond à aucun son.

1.2 La syllabation en français et en anglais ▼ ▼ ▼ ▼ ▼ ▼ ▼ ▼

En français, les syllabes tendent à être ouvertes tandis qu'en anglais, les syllabes tendent à être fermées. Comparez la coupe syllabique dans les mots français **comédie**, **académique** et **généralité** et les équivalents anglais *comedy*, *academic* et *generality*:

français	anglais
<$co $mé $die>	<$com $e $dy>
<$a $ca $dé $mique>	<$ac $a $dem $ic>
<$gé $né $ra $li $té>	<$gen $er $al $i $ty>

En effet, le français est une langue où la syllabation est plutôt ouverte et l'anglais, une langue où la syllabation est plutôt fermée. Ainsi, dans la chaîne parlée, les locuteurs français anticipent les voyelles, tandis que les locuteurs de langue anglaise anticipent les consonnes. L'apprenant américain devra donc redoubler d'efforts pour ne pas anticiper les consonnes dans sa prononciation du français. Par exemple, dans la phrase **Elle est sympathique et très intelligente**, où les mots isolés **elle** et **sympathique** se terminent par une syllabe fermée (**$ɛl** et **$tik**), l'apprenant devra s'efforcer d'anticiper les voyelles de l'énoncé comme suit: [ɛ le sɛ̃ pa ti ke tʀɛ zɛ̃ te li ʒɑ̃t] afin de maximiser le nombre de syllabes ouvertes dans sa prononciation.

1.3 L'accentuation / le rythme ▼ ▼ ▼ ▼ ▼ ▼ ▼ ▼ ▼ ▼ ▼ ▼ ▼ ▼

En anglais, la place de l'accent est variable. Dans le mot *English*, l'accent tombe sur la première syllabe tandis que dans le mot *exam*, l'accent tombe sur la deuxième. De plus, l'accent joue un rôle phonémique en anglais. Dans *defect*, si l'accent porte sur la première syllabe, le mot a la fonction d'un nom. Par contre, si l'accent porte sur la deuxième syllabe, le mot *defect* représente un verbe. Finalement, en anglais, un mot peut avoir plusieurs accents dont l'importance n'est pas la même: une syllabe est accentuée avec beaucoup plus d'intensité que l'autre. Ainsi, dans le mot *commentator*, la première et la troisième syllabes sont accentuées, mais la première syllabe porte l'accent primaire et la troisième l'accent secondaire.

En français, la place de l'accent est fixe. Il porte toujours sur la dernière syllabe d'un mot et il n'est pas phonémique. Dans le mot **anglais**, l'accent porte sur la deuxième syllabe, la dernière du mot, et dans **commentateur**, l'accent porte sur la quatrième syllabe (la dernière syllabe du mot). De plus, à la différence de l'anglais où l'accent marque plutôt une différence d'intensité entre les syllabes, l'accent en français indique une différence dans la durée de la syllabe. Ainsi, dans **venir**, la syllabe accentuée **$nir** est plus longue que la syllabe inaccentuée **$ve**: [vəni:ʀ] (où [:], dans une transcription phonétique étroite, indique qu'une voyelle est allongée). Bien sûr, la nature de la consonne dans la syllabe est un des facteurs qui peut en affecter sa durée, mais d'un point de vue statistique, une syllabe accentuée est deux fois plus longue qu'une syllabe inaccentuée (Léon 1992).

Finalement, parce que les syllabes inaccentuées en français sont pratiquement toutes de force égales, elles ne sont pas réduites comme dans le cas de la voyelle (inaccentuée) <i> par exemple en anglais dans le mot *impossible*. La suite de syllabes inaccentuées suivie d'une syllabe accentuée dans un groupe de mots tels que **la petite fille** donne au français un rythme syllabique par rapport à l'anglais où le rythme est accentuel.

REMARQUE 1:
Léon mentionne que dans le style journalistique audiovisuel, certains locuteurs mettent assez fréquemment un accent sur la première syllabe des mots. Cet accent, qui porte sur la première syllabe des mots de plus de deux syllabes, est également mentionné par d'autres linguistes.

REMARQUE 2:
Il existe également un autre type d'accent, l'accent «d'insistance» que les locuteurs utilisent pour indiquer une émotion (la colère, en particulier). En français, cet accent, qui marque une différence de force dans la syllabe, n'est pas fixe mais porte en général sur la consonne initiale (ou le groupe consonantique) de la première ou deuxième syllabe d'un mot. Par exemple, **Quel cr**étin! **Abr**uti!

1.4 Le groupe rythmique ▼ ▼ ▼ ▼ ▼ ▼ ▼ ▼ ▼ ▼ ▼ ▼ ▼ ▼ ▼ ▼

Un groupe rythmique est un ensemble de mots qui correspondent assez étroitement à une division syntaxique (grammaticale) et sémantique (une idée) et où toutes les syllabes sont inaccentuées, sauf la dernière. Par exemple, l'énoncé **j'ai faim** correspond à un groupe rythmique, et l'énoncé **j'ai faim et je vais manger** correspond à deux groupes rythmiques (le premier étant **j'ai faim** et le deuxième **et je vais manger**).

La longueur d'un groupe rythmique n'est pas fixe et elle peut varier en fonction du style parlé du locuteur et du débit de l'énoncé mais, en général, un groupe rythmique a une longueur moyenne de trois à quatre syllabes et n'a pas plus de sept ou huit syllabes. Comme nous venons de le mentionner, le lien entre le groupe rythmique et la syntaxe est évident. Dans la phrase **ma belle-sœur va partir dans une semaine**, il y a trois groupes rythmiques: **ma belle-sœur** (un groupe nominal sujet), **va partir** (un groupe verbal), **dans une semaine** (un groupe adverbial).

1.5 L'intonation ▼

L'intonation est liée à la mélodie de la phrase et marquée par des unités intonatives qui sont des modulations de la voix (montante ou descendante) devant une pause. Une unité intonative peut comprendre plusieurs groupes intonatifs qui coïncident avec les groupes rythmiques. Ainsi, un groupe intonatif peut, comme un groupe rythmique, avoir un rôle démarcatif. L'intonation, cependant, n'est pas le même phénomène que l'accentuation et peut avoir plusieurs fonctions dans une langue. Elle peut manifester des émotions (la joie, la colère, la surprise, par exemple), mais elle peut également jouer un rôle grammatical très important. Ainsi, l'intonation terminale montante dans **elle repart** indique que l'énoncé est une question, tandis que le même énoncé prononcé avec une intonation terminale descendante indique une déclaration.

L'intonation peut nuancer le sens d'une phrase. Selon Léon, Bhatt et Baligand (1992) dans la phrase **le médecin n'est jamais là quand on l'appelle**, une montée de la voix dans le groupe intonatif **le médecin** indique une mise en relief du mot **médecin** en tant que catégorie professionnelle opposée à d'autres. Par contre, une descente de la voix dans le même groupe indique seulement une insistance sur l'absence du médecin.

Du point de vue de la perception, la forme des courbes mélodiques est également significative. Ainsi, dans leurs recherches sur le rôle de l'intonation, Rossi, Di Cristo, Hirst, Martin et Nishinuma (1981) remarquent que dans les phrases interrogatives, plus l'écart entre la hauteur de la voix sur la syllabe prétonique (celle qui précède la syllabe accentuée) et la hauteur de la voix sur la tonique (la syllabe accentuée) est grand, plus la phrase sera perçue comme une question.

Pour Rossi et al. (ainsi que d'autres linguistes), les mécanismes intonatifs comprennent des «points-clés» qui sont l'attaque (le début), la prétonique et la tonique dans un groupe intonatif. Un exemple donné par Di Cristo dans Rossi et al. illustre le rôle des points-clés dans deux phrases déclaratives: 1) **C'est lui, Paul.** (où **Paul** et **lui** représentent la même personne) et dans 2) **C'est lui, Paul.** (où **Paul** et **lui** représentent des personnes différentes). Dans le cas de 1), l'analyse acoustique du groupe intonatif **(Paul)** montre une chute graduelle de la hauteur de la voix, de l'attaque jusqu'à la fin de la tonique. Dans le cas de 2), l'analyse du groupe intonatif montre que le ton de la voix est bas à l'attaque et qu'il remonte à un ton moyen puis baisse rapidement vers le grave.

L'étude de ce qui est l'intonation est extrêmement complexe et l'analyse que nous présentons dans ce manuel reprend, partiellement et de façon très simplifiée, les théories proposées dans Hirst et Di Cristo (1998).

1.6 Les contours intonatifs du français ▼ ▼ ▼ ▼ ▼ ▼ ▼ ▼ ▼ ▼

L'énoncé déclaratif

Le contour intonatif d'une phrase telle que **le père de Paul est intelligent** comprend une montée de la voix à la fin de la première unité intonative (**le père de Paul**) et une descente de la voix à la fin de la deuxième unité (**est intelligent**). Cependant, afin de mieux illustrer le contour mélodique de base à l'intérieur d'une unité intonative, nous présenterons ici les différences dans la hauteur du ton comme elles sont illustrées par Di Cristo dans Hirst et Di Cristo (1998).

Le contour de l'unité intonative déclarative **le fils de Jean** (qui comprend deux groupes intonatifs) est transcrit comme suit:

> Le FILS de JEAN
> [⇑   > ⇓]

Le symbole ⇑ représente le ton le plus haut de la voix (par opposition au symbole ⇓, qui représente le ton le plus bas) et le symbole > représente une légère baisse du ton par rapport au plus haut ton précédent (marqué ⇑). Les symboles [ ] marquent les frontières de l'unité intonative. Di Cristo note, dans cet exemple, que le ton dans la syllabe **de** est intermédiaire entre le ton haut de **fils** et le ton bas de **le** et **Jean**.

Quand l'unité intonative déclarative comprend trois groupes intonatifs, les tons les plus hauts de la voix portent sur les deux premiers groupes, et le ton de la syllabe initiale du dernier groupe est intermédiaire entre la hauteur du ton maximum et du ton minimum du patron intonatif:

> L'aMI du voiSIN de JEAN
> [⇑   ↓   ↑   > ⇓]

Les symboles ↓ et ↑ représentent des tons relativement plus bas (↓) ou plus haut (↑) que les tons précédents.

Ainsi, en règle générale d'après Di Cristo, le contour mélodique d'une unité intonative qui se termine sur un ton bas (tel un énoncé déclaratif) contient un mouvement montant à la fin de chaque groupe intonatif, sauf dans le cas du dernier qui est prononcé avec un mouvement descendant de la hauteur de la voix qui commence à un niveau moyen pour finir à un niveau bas.

L'énoncé interrogatif: les questions totales de type *oui/non*

Pour Di Cristo (Hirst et Di Cristo 1998), la courbe des unités intonatives interrogatives contenant un ou deux groupes intonatifs est semblable à celle des unités intonatives déclaratives correspondantes sauf pour la montée finale de la voix pour la question. Ainsi, l'unité intonative interrogative **l'ami de Jean?** pourrait être transcrite:

L'aMI de JEAN?
[⇑ > ⇑]

par rapport à l'unité intonative déclarative:

Le FILS de JEAN
[⇑   > ⇓]

Dans le cas des unités intonatives interrogatives contenant plus de deux groupes intonatifs, le patron récurrent de la hauteur de la voix dans les groupes intonatifs entre le premier groupe et le dernier tend à être différent de celui des énoncés déclaratifs correspondants et comprend une séquence de tons légèrement plus bas. Comparez:

L'aMI du voiSIN de JEAN?   (Question)
[⇑   >   > ⇑]

et

L'aMI du voiSIN de JEAN   (Déclaration)
[⇑ ↓ ↑   > ⇓]

L'énoncé interrogatif: les questions partielles

Les questions partielles sont celles qui commencent par **qui, quand, à qui, comment,** etc. Dans ce type de question, la syllabe accentuée du mot interrogatif est la plus haute et le ton de la voix baisse progressivement jusqu'à la syllabe finale (la plus basse) de l'unité intonative. Ainsi, dans **qui va te rencontrer?,** le ton le plus haut de la voix est sur **qui** et le ton le plus bas est sur la dernière syllabe de **rencontrer**. Quand le mot interrogatif est suivi de deux groupes intonatifs ou plus, le patron intonatif peut être réalisé de l'une ou l'autre des manières suivantes d'après Di Cristo (Hirst et Di Cristo 1998):

A QUI as-tu prêté ce LIVRE?
[⇑   >   ⇓]

La dernière syllabe dans **prêté** n'est pas accentuée.

A QUI as-tu prêTÉ ce LIVRE?
[⇑   >   > ⇓]

La dernière syllabe dans **prêté** est accentuée.

Dans le cas des questions où le mot interrogatif termine la phrase (par exemple, **vous arrivez, quand?**), le patron intonatif d'ensemble est semblable, d'après Di Cristo (Hirst et Di Cristo 1998), à celui pour les énoncés déclaratifs avec une montée de la voix jusqu'à la fin du groupe verbal (**vous arrivez**), suivie d'une chute finale de la voix sur le mot interrogatif (**quand**).

L'énoncé impératif

Pour Di Cristo (Hirst et Di Cristo 1998), l'impératif n'a pas de patron intonatif spécifique, mais certaines caractéristiques d'un groupe intonatif impératif sont un ton relativement haut, précédé d'une légère montée initiale de la voix à l'attaque de la première syllabe suivie d'une pente descendante abrupte vers un ton bas.

L'énoncé exclamatif

Dans le cas d'une exclamation, le patron intonatif d'ensemble représente une montée de la voix qui commence dès la première syllabe et la dernière syllabe est prononcée avec un mouvement montant puis descendant dans la hauteur de la voix (Hirst et Di Cristo 1998).

Comme nous venons de le voir, l'intonation est un phénomène très complexe dont nous n'avons mentionné que les grandes lignes et pour lequel il existe également des variations en fonction du locuteur, de ses émotions, de sa situation sociale et géographique, etc. Dans la notation que nous utilisons dans ce manuel, bien que ce système ne montre pas les différences dans la hauteur du ton à l'intérieur de chaque groupe, les unités intonatives à courbe terminale ascendante sont indiquées par une flèche montante (↗) et les unités à courbe terminale descendante par la flèche opposée (↘):

Phrase déclarative:	Le fils de Marc↗ rit souvent.↘
Phrase interrogative totale:	Est-ce qu'il rit?↗
Phrase interrogative partielle:	Pourquoi rit-il?↘
Phrase impérative:	Ne ris pas.↘
Phrase exclamative:	Il rit beaucoup!↘

1.7 L'intonation en français et en anglais ▾ ▾ ▾ ▾ ▾ ▾ ▾ ▾ ▾ ▾

Bien que les phénomènes d'intonation ascendante et descendante soient principalement les mêmes dans les deux langues, il existe, comme le remarque Dansereau (1990), des différences dans les courbes intonatives du français et de l'anglais à l'intérieur d'un énoncé. Ainsi, dans l'énoncé: **le garçon qui est tombé s'est cassé la jambe**, l'intonation dans la première partie de l'énoncé (le groupe nominal sujet: **le garçon qui est tombé**) est ascendante (la syllabe $bé est la plus haute). Par contraste en anglais, dans l'énoncé: *The boy who fell broke his leg*, l'intonation peut être montante sur *fell* (↗) ou descendante sur *fell* (↘). De même, dans le cas des questions partielles, Valdman (1993) remarque que dans l'énoncé *Where are you going?* la voix est moyenne au départ en anglais, qu'elle monte sur *go-* (la syllabe qui porte l'accent principal), et qu'elle redescend brusquement en fin d'énoncé; alors que dans l'énoncé français **Où allez-vous?** la voix est plus haute au départ et redescend progressivement en fin d'énoncé.

PRONONCIATION ET TRANSCRIPTION

EXERCICE 1:

Répétez les mots suivants, transcrivez-les et indiquez la division syllabique pour chaque mot.

1. exagérer — ~~egzazere~~ ~~ekz~~ egzazere | $ek $za $zɛ $ʁe
2. accident — aksidã | $ak $si $d
3. pourpre — puʁpʁa | $puʁ $pʁa
4. éléphant — elefã | $el $e $fã
5. idiot — idjo | $id $i $o
6. dessins — desɛ̃
7. appartement — apaʁtəmã
8. moustache — mustaʃ
9. montrer — mɔ̃tʁe
10. intonation — ɛ̃tɔnasjɔ̃

(handwritten margin notes) semi voyelle ; R R R

---

16 ◆◆◆ Facile à dire

𝔻 EXERCICE 2:

Répétez les phrases suivantes, transcrivez-les et indiquez l'intonation par des flèches.

1. Elle part. _____

2. Elle part à Paris. _____

3. Elle part à Paris en métro. _____

4. Elle part à Paris en métro pour son travail. _____

5. J'ai un beau-frère. _____

6. Il est vétérinaire. _____

7. J'ai un beau-frère qui est vétérinaire. _____

_____

8. Il gagne. _____

9. Il gagne beaucoup d'argent. _____

10. J'ai un beau-frère qui est vétérinaire et il gagne beaucoup d'argent.

_____

PRONONCIATION

EXERCICE 3:

Répétez les phrases suivantes et indiquez, par des flèches, l'intonation que vous entendez.

1. Je n'ai pas bien compris ce qu'il m'a dit.

2. Nous ne savons pas s'ils seront d'accord.

3. Passe à la maison, si tu veux!

4. Elle m'a fait comprendre que j'avais tort.

5. Quand le printemps arrive, elle passe des heures dans son jardin.

6. Mon oncle et ma tante vont venir nous voir au mois d'août.

7. Tu aimes les films d'amour, toi?

8. Il a très peur des gros chiens.

9. As-tu une minute? Je voudrais bien te poser une question.

10. Ils nous parlent de moins en moins.

EXERCICE 4:

Prononcez les phrases suivantes et indiquez l'intonation par des flèches.

1. C'est très joli, ce dessin!

2. Si vous êtes sages, nous irons au cinéma demain après-midi.

3. Je vais faire des courses au supermarché pour le week-end.

4. Jean et Martine sont très intelligents et ont beaucoup d'humour.

5. Pourquoi a-t-il dit que je n'étais pas aimable?

6. Chic! Le cours est annulé. La prof est malade.

7. J'aimerais bien qu'il fasse une petite pause vers quatre heures.

8. As-tu remarqué qu'elle est toujours de bonne humeur?

9. Je me demande ce que tu veux.

10. Vous avez bien dormi?

CHAPITRE 2

Les voyelles: généralités

2.1 Production ▼

Une voyelle est un son pour lequel l'air qui s'échappe des poumons passe librement par la cavité buccale. Les organes articulatoires qui jouent un rôle essentiel dans la production des voyelles sont les lèvres, la langue et le palais.

2.2 Classification des voyelles ▼ ▼ ▼ ▼ ▼ ▼ ▼ ▼ ▼ ▼ ▼ ▼ ▼ ▼ ▼

En fonction de la manière dont elles sont articulées, les voyelles peuvent être antérieures ou postérieures, ouvertes ou fermées, arrondies ou écartées, orales ou nasales.

Les voyelles antérieures et les voyelles postérieures

Dans la production d'une voyelle antérieure, la langue est avancée et elle est relevée vers le palais dur. Dans la production d'une voyelle postérieure, la langue est reculée et relevée vers le palais mou. En français, les voyelles antérieures sont [i, y, e, ɛ, ø, œ, a, ɛ̃, œ̃] et les voyelles postérieures sont [u, o, ɔ, ɔ̃, ɑ, ɑ̃].

Les voyelles ouvertes et les voyelles fermées

Dans la production des voyelles, l'aperture (le degré d'écart entre la langue et le palais) détermine si une voyelle est ouverte ou fermée. Ainsi, dans la production de la voyelle [i], la langue est très rapprochée du palais mais elle s'en éloigne dans l'articulation de la voyelle [a]. En français, les voyelles ouvertes sont [a, ɑ, ɑ̃] et les voyelles fermées sont [i, y, u].

Il existe aussi un groupe de voyelles où l'écart entre la langue et le palais est intermédiaire entre celui qui existe pour les voyelles fermées et celui qui existe pour les voyelles ouvertes. Ce groupe de voyelles est divisé en deux séries: les voyelles mi-fermées [e, ø, o] ainsi que [ɔ̃], et les voyelles mi-ouvertes [ɛ, œ, ɔ] ainsi que [ɛ̃] et [œ̃].

Les voyelles écartées et les voyelles arrondies

Selon la position des lèvres, une voyelle peut être écartée (les lèvres sont tirées vers l'arrière) ou arrondies (les lèvres forment une sorte d'anneau). En français, les voyelles écartées sont [i, e, ɛ, ɛ̃, a, ɑ, ɑ̃] et les voyelles arrondies sont [y, u, ø, o, œ, ɔ, ɔ̃, œ̃].

Les voyelles orales et les voyelles nasales

Dans la production d'une voyelle orale, le voile du palais est relevé et l'air de la cavité pulmonaire s'échappe par la bouche (la cavité buccale). Dans la production des voyelles nasales, le voile du palais est abaissé et l'air des poumons s'échappe par la cavité buccale et le nez (la cavité nasale). En français, les voyelles nasales sont [ã, ɛ̃, ɔ̃] et [œ̃] chez certains locuteurs. Toutes les autres voyelles sont orales.

Tableau 2.1: Les traits distinctifs de l'articulation des voyelles orales

POSITION DE LA LANGUE	voyelles antérieures	voyelles antérieures	voyelles postérieures	voyelles postérieures
POSITION DES LÈVRES	écartées	arrondies	écartées	arrondies
APERTURE				
fermée	i	y		u
mi-fermée	e	ø		o
mi-ouverte	ɛ	œ		ɔ
ouverte	a		ɑ	

Comme le remarque Léon (1992), la mâchoire s'écarte beaucoup plus pour les voyelles antérieures que pour les voyelles postérieures.

Tableau 2.2: Les traits distinctifs de l'articulation des voyelles nasales

POSITION DE LA LANGUE	voyelles antérieures	voyelles postérieures
POSITION DES LÈVRES		
écartées	ɛ̃	ã
arrondies	œ̃	ɔ̃

2.3 Contrastes principaux entre les voyelles du français et de l'anglais ▾ ▾ ▾ ▾ ▾ ▾ ▾ ▾ ▾ ▾

La tension des voyelles

En français, la force d'articulation est constante dans la production des voyelles et elle est également plus grande; les muscles sont plus tendus que dans la production des voyelles en anglais. Ainsi, il n'y a pas de voyelles diphtonguées en français comme il en existe en anglais dans le mot *say*, par exemple.

L'arrondissement, l'antériorité et l'aperture

Il y a plus de voyelles arrondies en français qu'en anglais et il y a également plus de voyelles antérieures en français qu'en anglais. Les voyelles arrondies que le français et l'anglais ont en commun, par exemple [u] dans **bout** en français et *boot* en anglais, diffèrent dans leur articulation. Ainsi pour l'articulation de [u], les lèvres sont plus arrondies et projetées en avant en français qu'en anglais. De même, dans le cas des voyelles antérieures, le [i] français dans **nid** est plus antérieur que le [i] anglais dans *neat*. Finalement, dans le cas des voyelles fermées, le [i] de **nid**, par exemple, est également plus fermé que celui de [i] dans *neat*.

Les syllabes inaccentuées

Comme nous l'avons mentionné précédemment, la voyelle en français ne change pas de qualité, c'est-à-dire qu'elle garde toute sa force articulatoire, en syllabe inaccentuée. La voyelle en français n'est pas réduite en position inaccentuée comme elle l'est en anglais dans les mots *enormity* ou *impossible,* par exemple, où la voyelle *i* est réduite à un [ə].

PRONONCIATION ET TRANSCRIPTION

EXERCICE 1:

Répétez les mots suivants et transcrivez-les.

La voyelle [i]

1. gui _____
2. lit _____
3. mie _____

4. gris _____
5. pire _____
6. cire _____

La voyelle [y]

1. rue _____
2. bu _____
3. du _____

4. plu _____
5. grue _____
6. brue _____

La voyelle [u]

1. ou _____   4. gousse _____

2. cou _____   5. moule _____

3. housse _____   6. boule _____

La voyelle [a]

1. ça _____   4. là _____

2. va _____   5. ta _____

3. chat _____   6. ma _____

La voyelle [ɑ]

1. pâte _____   4. tâche _____

2. lâche _____   5. hâte _____

3. mâche _____   6. mâle _____

La voyelle [e]

1. nez _____   4. les _____

2. thé _____   5. blé _____

3. ses _____   6. gré _____

La voyelle [ɛ]

1. sec _____   4. gel _____

2. mère _____   5. paire _____

3. belle _____   6. jette _____

La voyelle [ø]

1. veut _____   4. eux _____

2. peu _____   5. pleut _____

3. nœud _____   6. ceux _____

La voyelle [œ]

1. veuf _____   4. peur _____

2. neuf _____   5. meuble _____

3. sœur _____   6. peuple _____

Répétez les mots suivants et transcrivez-les.

La voyelle [o]

1. mot   _____
2. faux   _____
3. trop   _____

4. zoo   _____
5. chaud   _____
6. sot   _____

La voyelle [ɔ]

1. bol   _____
2. folle   _____
3. sommes   _____

4. donne   _____
5. tonne   _____
6. note   _____

La voyelle [ɑ̃]

1. ment   _____
2. prend   _____
3. temps   _____

4. sans   _____
5. branche   _____
6. plante   _____

La voyelle [ɔ̃]

1. blond   _____
2. ont   _____
3. non   _____

4. montre   _____
5. oncle   _____
6. ombre   _____

La voyelle [ɛ̃]

1. main   _____
2. frein   _____
3. plein   _____

4. train   _____
5. linge   _____
6. peinte   _____

La voyelle [œ̃]

1. un   _____
2. parfum   _____
3. chacun   _____

4. aucun   _____
5. humble   _____
6. lundi   _____

CHAPITRE 3

Les voyelles fermées

3.1 La voyelle [i] ▼ ▼ ▼ ▼ ▼ ▼ ▼ ▼ ▼ ▼ ▼ ▼ ▼ ▼ ▼ ▼ ▼ ▼

Production

Du point de vue articulatoire, la voyelle [i] est FERMÉE, ÉCARTÉE, ANTÉRIEURE. Dans la production de la voyelle, le dos de la langue est très rapproché du palais dur, les lèvres sont tirées vers l'arrière et la pointe de la langue touche les dents inférieures. La voyelle [i] demande un effort de tension articulatoire plus grand qu'en anglais. Les lèvres sont plus écartées dans la production de la voyelle en français et la position de la langue est plus antérieure. La voyelle [i] est également plus haute (plus fermée) en français qu'en anglais.

Graphies correspondantes

Tableau 3.1: Les graphies de [i]	
<i>	**il** [il], **livre** [livʀ], **ami** [ami]
<î>	**abîme** [abim], **île** [il]
<ï>	**naïf** [naif], **maïs** [mais]
<y>	**lys** [lis], **rythme** [ʀitm]

REMARQUE:

Les graphies <im, in, yn> qui sont suivies d'une consonne non nasale ou qui se trouvent en position finale de mot représentent la voyelle nasale [ɛ̃]:

impur [ɛ̃pyʀ]   ≠   immobile [immɔbil]
indécis [ɛ̃desi]   ≠   inadmissible [inadmisibl]
lynx [lɛ̃ks]   ≠   onyx [ɔniks]
thym [tɛ̃]   ≠   hymne [imn]
vin [vɛ̃]   ≠   vinaigre [vinɛgʀ]

𝕊 **EXERCICE 1:**

Répétez les mots suivants: la voyelle [i].

1. dit   4. tire

2. si   5. vie

3. riz   6. lime

PRONONCIATION ET TRANSCRIPTION

𝕊 **EXERCICE 2:**

Répétez les phrases suivantes et transcrivez-les: emphase sur la voyelle [i].

1. J'ai mis ta tirelire sur le lit. _____

2. Qui est-ce qui vous l'a dit? _____

3. Il ira à Paris à la mi-avril. _____

4. Il dit qu'il a ri. _____

5. Ils arrivent à Nice à midi. _____

3.2 La voyelle [y] ▼ ▼ ▼ ▼ ▼ ▼ ▼ ▼ ▼ ▼ ▼ ▼ ▼ ▼ ▼ ▼ ▼ ▼

Production

La voyelle [y] est FERMÉE, ARRONDIE, ANTÉRIEURE. Dans la production de la voyelle [y], les lèvres sont arrondies, la pointe de la langue est derrière les dents inférieures et la partie antérieure de la langue se rapproche du palais dur. Pour la production de la voyelle [y], il est préférable de commencer par l'articulation d'un [i], de maintenir la tension articulatoire et d'arrondir progressivement les lèvres tout en gardant la position antérieure de la langue.

Graphies correspondantes

REMARQUE:

Les graphies <um, un> qui sont suivies d'une consonne non nasale ou qui se trouvent en position finale de mot représentent les sons [ɛ̃/œ̃] ou [ɔm]:

humble [ɛ̃/œ̃bl]	≠	humer [yme]
parfum [paʀfɛ̃/œ̃]	≠	parfumerie [paʀfymʀi]
géranium [ʒeʀanjɔm]	≠	brume [bʀym]
lundi [lɛ̃/œ̃di]	≠	lunatique [lynatik]
un [ɛ̃/œ̃]	≠	unique [ynik]

Tableau 3.2: Les graphies de [y]

<u>	**but** [by], **vue** [vy]*
<û>	**dû** [dy], **sûr** [syʀ]
<eu>	Dans le participe passé du verbe **avoir**: **il a eu** [ilay] et dans certaines formes du passé simple: **tu eus** [tyy]
<eû>	Au passé simple (pluriel): **nous eûmes** [nuzym]

* Les graphies <gue> et <que> représentent les sons [g] et [k]: **fatigue** [fatig], **pratique** [pʀatik]. La graphie <güe> (très rare) représente le son [y]: **aiguë** [egy].

PRONONCIATION

EXERCICE 3:

Répétez les mots suivants: contraste [i] ≠ [y].

1. dit du	3. vie vue	5. lit lu
2. riz rue	4. si su	6. mie mue

EXERCICE 4:

Répétez les mots suivants: la voyelle [y].

1. tu	3. su	5. nue	7. jus
2. sûr	4. mûr	6. dune	8. Jules

PRONONCIATION ET TRANSCRIPTION

EXERCICE 5:

Répétez les phrases suivantes et transcrivez-les: emphase sur la voyelle [y].

1. Il m'a plu quand je l'ai vu. _____

2. As-tu vu qu'il ne t'a pas cru? _____

3. Il est venu et il a bu. _____

4. Je n'ai pas lu le menu. _____

5. Cet hurluberlu est très têtu. _____

3.3 La voyelle [u] ▼

Production

La voyelle [u] est FERMÉE, ARRONDIE, POSTÉRIEURE. Dans la production de la voyelle [u], les lèvres sont arrondies, la pointe de la langue est derrière les dents inférieures, le dos de la langue est rétracté et se soulève vers le palais mou. La voyelle [u] est plus fermée et plus postérieure en français qu'en anglais. Les lèvres sont également plus arrondies en français.

Graphies correspondantes

Tableau 3.3: Les graphies de [u]	
<ou>	**bout** [bu], **nous** [nu]
<où>	**où** [u]
<oû>	**août** [u(t)], **saoûle** [sul]

PRONONCIATION

🕪 EXERCICE 6:

Répétez les mots suivants: la voyelle [u].

1. goût	3. toux	5. loulou
2. sous	4. chou	6. nounou

🕪 EXERCICE 7:

Répétez les mots suivants: contraste [y] ≠ [u].

1. bu bout	3. nu nous	5. lu loup
2. su sous	4. vu vous	6. jus joue

𝕭 EXERCICE 8:

Répétez les mots suivants: contraste [i] ≠ [y] ≠ [u].

1. mie   mue   mou   4. qui   Q   cou
2. fit   fut   fou   5. dit   du   doux
3. riz   rue   roux   6. ni   nue   nous

PRONONCIATION ET TRANSCRIPTION

𝕭 EXERCICE 9:

Répétez les phrases suivantes et transcrivez-les: emphase sur la voyelle [u].

1. Ce hibou a beaucoup de poux.

_____

2. Pierre qui roule n'amasse pas mousse. (Proverbe)

_____

3. Il est très doux mais un peu mou.

_____

4. Il s'est coupé le bout du pouce.

_____

5. Où avez-vous dit que la mousse pousse?

_____

Répétez les phrases suivantes et transcrivez-les: emphase sur les voyelles [i], [y], [u].

1. J'avoue que je n'ai pas lu l'avis.

_____

2. C'est une petite poule qui fait des bulles.

_____

3. Il a mis les sous sur le lit.

_____

4. Pouvez-vous partir à Mulhouse?

_____

5. Le loup a vu la brebis.

_____

6. Tu as beaucoup de soucis?

_____

7. Cette petite Russe sourit toujours.

_____

8. Le bus est parti sans nous.

_____

9. Il a lu tous les livres.

_____

10. Yves habite au bout de la rue.

_____

CHAPITRE 4

Les voyelles ouvertes

4.1 La voyelle [a] ▼

Production

La voyelle [a] est OUVERTE, ÉCARTÉE, ANTÉRIEURE. Dans la production de la voyelle, la pointe de la langue est derrière les dents inférieures, les lèvres sont écartées et la bouche est grande ouverte. La position de la langue pour la voyelle [a] est intermédiaire entre la position requise en anglais pour la voyelle [æ] dans *bat* et celle de [ɑ] dans *Bart*.

Graphies correspondantes

Tableau 4.1: Les graphies de [a]	
\<a\>	**quatre** [katʀ], **cheval** [ʃəval]
\<à\>	**là** [la], **déjà** [deʒa]
\<oi\>	**voix** [vwa], **oiseau** [wazo]

REMARQUE 1:

Les graphies \<am, an\> qui sont suivies d'une consonne non nasale ou qui se trouvent en position finale de mot représentent le son [ã]:

jambe [ʒãb]   ≠   amie [ami]
ange [ãʒ]   ≠   anis [ani]
an [ã]   ≠   année [ane]

REMARQUE 2:

La graphie \<œ\> représente le son [wa] dans le mot **moelle** [mwal] (à ne pas confondre avec le \<œ\> de **sœur** qui représente le son [œ]) et dans le mot **poêle** [pwal]. Notez également l'utilisation de [a] dans les mots **femme** [fam] et **solennel** [sɔlanɛl] ainsi que dans les adverbes qui se terminent en -**emment** et qui sont dérivés de certains adjectifs en \<-ent\>: **patiemment** [pasjamã] (de l'adjectif **patient**), **prudemment** [pʀydamã] (de l'adjectif **prudent**), etc.

🕪 **EXERCICE 1:**

Répétez les mots suivants: la voyelle [a].

1. nougat   4. pacha

2. chat   5. gala

3. papa   6. baba

PRONONCIATION ET TRANSCRIPTION

🕪 **EXERCICE 2:**

Répétez les phrases suivantes et transcrivez-les: emphase sur la voyelle [a].

1. Il a lavé la tache sur la nappe. _____

2. Ils partent à trois en Alabama. _____

3. Elle a très mal à l'estomac. _____

4. Anne et Agathe sont à Naples. _____

5. Le canard a nagé dans la mare. _____

4.2 La voyelle [ɑ] ▼

Production

Dans l'articulation de la voyelle [ɑ], les mâchoires sont très ouvertes avec la masse de la langue dans la partie postérieure de la bouche. La voyelle [ɑ] est légèrement plus arrondie que la voyelle [a]. En ce qui concerne la production de [ɑ], son articulation se rapproche beaucoup de la voyelle équivalente en anglais dans *Bart* ou *father*.

Graphies correspondantes

Tableau 4.2: Les graphies de [ɑ]	
<â>	**tâche** [tɑʃ], **crâne** [kʀɑn]*
<as>	Dans quelques mots monosyllabiques: **tas** [tɑ], **ras** [ʀɑ], **las** [lɑ]
<a> + [z]	**gaz** [gɑz], **rase** [ʀɑz]

* La graphie <â> représente le son [a] dans le passé simple des verbes en **-er** et à l'imparfait du subjonctif: **elle dansât** [ɛldɑ̃sa], **que vous dansâtes** [kəvudɑ̃sat].

REMARQUE:

Certains locuteurs utilisent [ɑ] après [ʀw]: **trois** [tʀwɑ], **roi** [ʀwɑ], etc.

PRONONCIATION

EXERCICE 3:

Répétez les mots suivants: la voyelle [ɑ].

1. mâle   4. bâche
2. râle   5. gaz
3. tâche   6. rase

EXERCICE 4:

Répétez les mots suivants: contraste [a] ≠ [ɑ].

1. rate rase   4. frappe phrase
2. cane case   5. bal base
3. gale gaz   6. patte pâte

PRONONCIATION ET TRANSCRIPTION

EXERCICE 5:

Répétez les phrases suivantes et transcrivez-les: emphase sur la voyelle [ɑ].

1. Il râle sans cesse. _____

2. Cet âne est très las. _____

3. Est-ce qu'elle se fâche souvent? _____

4. Je voudrais que tu te rases. _____

5. Ne lâche pas cette bâche. _____

4.3 Variabilité des voyelles [a] et [ɑ] ▼ ▼ ▼ ▼ ▼ ▼ ▼ ▼ ▼ ▼ ▼ ▼

En français standard, [a] et [ɑ] s'opposent dans des paires de mot (paires minimales) telles que celles ci-dessous:

tache [taʃ]   ≠   tâche [taʃ]*
mal [mal]   ≠   mâle [mɑl]
patte [pat]   ≠   pâte [pɑt]

_____

* La voyelle [ɑ] dans **tâche, mâle** et **pâte** est plus longue que dans **tache, mal** et **patte**. Dans une transcription étroite, **tâche** par exemple, serait transcrit [tɑ:ʃ].

Cependant, leur utilisation est sujette à une très grande variation:

1. La distinction entre [a] et [ɑ] est régionale et elle existe surtout dans le parler des locuteurs parisiens. La majorité des locuteurs non parisiens n'ont qu'une seule voyelle ([a]) dans leur phonologie et certains ne reconnaissent pas la distinction entre les deux voyelles quand elle est faite. De plus, et surtout à Paris, la voyelle [a] tend à devenir centrale, c'est-à-dire intermédiaire dans sa prononciation entre [a] et [ɑ].

2. La voyelle [ɑ], qui est la moins usitée (2,4% des cas par rapport à 97,6% de [a] d'après Léon, 1992), tend à être remplacée par [a] quand elle ne fait pas partie d'une syllabe finale de mot ou de groupe rythmique, c'est-à-dire quand elle n'est pas accentuée. Les exemples suivants sont tirés du *Dictionnaire de la prononciation française dans son usage réel* de Martinet et Walter (1973):

toit [twɑ]	toiture [twatyʀ]
âge [ɑʒ]	âgé [aʒe] ~ [ɑʒe]

3. L'emploi des voyelles [a] et [ɑ] est sujet à des variations individuelles comme l'indiquent les prononciations suivantes par un seul et même locuteur qui a participé à l'élaboration du dictionnaire de Martinet et Walter:

joie [ʒwa]	≠	voie [vwɑ]
pâté [pate]	≠	gâteux [gɑtø]

PRONONCIATION ET TRANSCRIPTION

EXERCICE 6:

Répétez les phrases suivantes et transcrivez-les: emphase sur les voyelles [a] et [ɑ].**

1. Votre tâche est de laver cette tache.

   _____

2. Le chat a mis la patte dans mes pâtes.

   _____

3. Tâtez ces ananas.

   _____

4. Ce plat est trop gras pour moi.

   _____

5. Cet âne est très âgé.

   _____

6. François adore aller au théâtre.

   _____

7. Mon gâteau est salé?

   _____

8. Elle a un courage admirable.

   _____

9. Il voyage au Canada assez fréquemment.

   _____

10. Sa femme part à Bâle ce soir.

   _____

** En cas de doute sur quelle voyelle utiliser, choisissez [a] et non [ɑ].

Révision 1

La Chaîne parlée, les voyelles fermées, les voyelles ouvertes

⏺ EXERCICE 1:

Répétez les phrases suivantes.

1. Yves ira à Paris à minuit.
2. Ce pauvre fou est indécis.
3. Il a vu un gros loup roux.
4. Jules avoue qu'il nous a vus.
5. Il s'est mis du jus sur la joue.
6. Il m'a dit qu'il l'a bu.
7. Attention, il y a une puce sur ton pouce.
8. Cette mule paraît très douce.
9. Il nous a vus dans la rue.
10. A qui as-tu écrit?
11. Le petit chat a trois mois.
12. Il a voulu des cerises mûres.
13. Tu souris toujours à ta voisine?
14. Marie a une belle jupe rouge.
15. Allez-vous tout dire à Luc?
16. Elle a choisi un tutu en tulle.
17. Tata a acheté de la mousse à raser.
18. Il est parti sous la brume.
19. Ils furent déçus de sa bévue.
20. Ce vieux gâteux a frappé un bec de gaz.

EXERCICE 2:

Maintenant, prononcez les phrases de l'exercice 1 d'après le modèle donné dans la transcription.

1. Yves ira à Paris à minuit.   [iv↗ iʀa apaʀi↗ aminɥi↘]

2. Ce pauvre fou est indécis.   [səpovʀəfu↗ e(t)ẽdesi↘]

3. Il a vu un gros loup roux.   [ilavy↗ ẽgʀoluʀu↘]

4. Jules avoue qu'il nous a vus.   [ʒylavu↗ kilnuzavy↘]

5. Il s'est mis du jus sur la joue.   [ilsemidʒy↗ syʀlaʒu↘]

6. Il m'a dit qu'il l'a bu.   [ilmadi↗ killaby↘]

7. Attention, il y a une puce sur ton pouce.   [atãsjɔ̃↗ iljaynpys↗ syʀtɔ̃pus↘]

8. Cette mule paraît très douce.   [sɛtmyl↗ paʀɛtʀɛdus↘]

9. Il nous a vus dans la rue.   [ilnuzavy↗ dãlaʀy↘]

10. A qui as-tu écrit?   [aki atyekʀi↘]

11. Le petit chat a trois mois.   [ləp(ə)tiʃa↗ atʀwamwa↘]

12. Il a voulu des cerises mûres.   [ilavuly↗ des(ə)ʀizmyʀ↘]

13. Tu souris toujours à ta voisine?   [tysuʀituʒuʀ atavwazin↗]

14. Marie a une belle jupe rouge.   [maʀi↗ aynbɛlʒypʀuʒ↘]

15. Allez-vous tout dire à Luc?   [alevu tudiʀalyk↗]

16. Elle a choisi un tutu en tulle.   [ɛlaʃwazi↗ ẽtyty ãtyl↘]

17. Tata a acheté de la mousse à raser.   [tata aaʃte↗ d(ə)lamusaʀaze↘]

18. Il est parti sous la brume.   [ilepaʀti↗ sulabʀym↘]

19. Ils furent déçus de sa bévue.   [ilfyʀdesy↗ dəsabevy↘]

20. Ce vieux gâteux a frappé un bec de gaz.   [səvjøgatø↗ afʀape ẽbɛkdəgɑz↘]

EXERCICE 3:

Ecoutez les phrases suivantes et indiquez, par des flèches, l'intonation que vous entendez pour chaque phrase.

1. Elle n'est pas très aimable aujourd'hui.

2. Ils m'ont dit qu'ils arriveraient vers seize heures trente.

3. Je ne savais pas qu'il était marié.

4. Zut! J'ai oublié d'acheter une baguette de pain.

5. Elle voudrait louer une belle villa au bord de la mer.

6. Il vous a répondu?

7. Pour une fois, le professeur de physique était de bonne humeur!

8. Je ne pensais pas qu'elle se fâcherait aussi facilement.

9. Si possible, nous voudrions bien prendre des vacances au mois d'août.

10. Votre petit chien est bien mignon, mais il aboie trop.

11. A vrai dire, je ne suis pas sûre de la réponse.

12. Attends-le! Il sera prêt dans quelques minutes.

13. Tu as aimé le film?

14. N'oublie pas de prendre rendez-vous chez le dentiste.

15. Elle n'a pas apprécié ce qu'il lui a dit à propos de son fils.

EXERCICE 4:

Transcrivez les mots suivants et indiquez la division syllabique pour chaque mot.

1. ravie _____ _____

2. amitiés _____ _____

3. exact _____ _____

4. partira   _____   _____

5. minuscule   _____   _____

6. oubli   _____   _____

7. mercredi   _____   _____

8. prendra   _____   _____

9. éviter   _____   _____

10. habilla   _____   _____

EXERCICE 5:

Transcrivez les phrases suivantes et indiquez, par des flèches, l'intonation.

1. J'ai faim. _____

2. J'ai faim et j'ai soif. _____

3. Je vais manger. _____

4. Je vais manger un petit gâteau. _____

5. Je vais manger un petit gâteau et je vais boire. _____

_____

6. Je vais manger un petit gâteau et je vais boire un verre de lait.

_____

7. Comme tu veux! _____

8. Comme tu veux, mais tu as tort. _____

9. Comme tu veux, mais tu as tort de grignoter. _____

_____

10. Comme tu veux, mais tu as tort de grignoter entre les repas.

_____

EXERCICE 6:

Transcrivez les phrases suivantes et indiquez l'intonation par des flèches.

1. Gigi nie qu'elle a ri.

   _____

2. Il a pris la scie sur l'établi.

   _____

3. Elle a juré de ne plus fumer.

   _____

4. Il a bu du jus de prune.

   _____

5. Il n'y a pas d'ours dans la brousse.

   _____

6. Ce toutou est très doux.

   _____

7. Il nous a gâché la soirée.

   _____

8. Tu vas acheter un gros gâteau?

   _____

9. Je me doute qu'il l'a lu.

   _____

10. Ne touche pas à ces choux.

    _____

Révision 1

Corrigé

EXERCICE 3: Réponses

1. Elle n'est pas très aimable⁄ aujourd'hui.↘

2. Ils m'ont dit⁄ qu'ils arriveraient⁄ vers seize heures trente.↘

3. Je ne savais pas⁄ qu'il était marié.↘

4. Zut!↘ J'ai oublié d'acheter une baguette de pain.↘

5. Elle voudrait louer une belle villa⁄ au bord de la mer.↘

6. Il vous a répondu? ⁄

7. Pour une fois,⁄ le professeur de physique⁄ était de bonne humeur!↘

8. Je ne pensais pas⁄ qu'elle se fâcherait aussi facilement.↘

9. Si possible,⁄ nous voudrions bien prendre des vacances⁄ au mois d'août.↘

10. Votre petit chien est bien mignon,⁄ mais il aboie trop.↘

11. À vrai dire,⁄ je ne suis pas sûre de la réponse.↘

12. Attends-le!↘ Il sera prêt dans quelques minutes.↘

13. Tu as aimé le film?⁄

14. N'oublie pas⁄ de prendre rendez-vous chez le dentiste.↘

15. Elle n'a pas apprécié⁄ ce qu'il lui a dit⁄ à propos de son fils.↘

EXERCICE 4: Réponses

1. ravie [ʀavi] $ʀa $vi

2. amitiés [amitje] $a $mi $tje

3. exact [ɛgzakt] $ɛg $zakt

4. partira [paʀtiʀa] $paʀ $ti $ʀa

5. minuscule [minyskyl] $mi $nys $kyl

6. oubli [ubli] $u $bli

7. mercredi [mɛʀkʀədi] $mɛʀ $kʀə $di

8. prendra [pʀɑ̃dʀa] $pʀɑ̃ $dʀa

9. éviter [evite] $e $vi $te

10. habilla [abija] $a $bi $ja

EXERCICE 5: Réponses

1. J'ai faim.   [ʒefɛ̃↘]

2. J'ai faim et j'ai soif.   [ʒefɛ̃↗ eʒeswaf↘]

3. Je vais manger.   [ʒ(ə)vemɑ̃ʒe↘]

4. Je vais manger un petit gâteau.   [ʒ(ə)vemɑ̃ʒe ɛ̃ptiga/ato↘]

5. Je vais manger un petit gâteau et je vais boire.
   [ʒ(ə)vemɑ̃ʒe ɛ̃ptiga/ato↗ eʒ(ə)vebwaʀ↘]

6. Je vais manger un petit gâteau et je vais boire un verre de lait.
   [ʒ(ə)vemɑ̃ʒe ɛ̃ptiga/ato↗ eʒ(ə)vebwaʀ ɛ̃veʀdəlɛ↘]

7. Comme tu veux!   [kɔmtyvø↘]

8. Comme tu veux, mais tu as tort.   [kɔmtyvø↗ metyatɔʀ↘]

9. Comme tu veux, mais tu as tort de grignoter.
   [kɔmtyvø↗ metyatɔʀ dəgʀiɲɔte↘]

10. Comme tu veux, mais tu as tort de grignoter entre les repas.
    [kɔmtyvø↗ metyatɔʀ dəgʀiɲɔte↗ ɑ̃tʀəleʀpa↘]

EXERCICE 6: Réponses

1. Gigi nie qu'elle a ri.   [ʒiʒini↗ kɛlaʀi↘]

2. Il a pris la scie sur l'établi.   [ilapʀilasi↗ syʀletabli↘]

3. Elle a juré de ne plus fumer.   [ɛlaʒyʀe↗ dən(ə)plyfyme↘]

4. Il a bu du jus de prune.   [ilaby dyʒydpʀyn↘]

5. Il n'y a pas d'ours dans la brousse.   [ilnjapaduʀs↗ dɑ̃labʀus↘]

6. Ce toutou est très doux.   [sətutu↗ etʀɛdu↘]

7. Il nous a gâché la soirée.   [ilnuzaga/aʃe laswaʀe↘]

8. Tu vas acheter un gros gâteau?   [tyvaaʃte ɛ̃gʀoga/ato↗]

9. Je me doute qu'il l'a lu.   [ʒəm(ə)dut↗ killaly↘]

10. Ne touche pas à ces choux.   [nətuʃpa aseʃu↘]

CHAPITRE 5

Les voyelles nasales

5.1 Remarques générales ▾ ▾ ▾ ▾ ▾ ▾ ▾ ▾ ▾ ▾ ▾ ▾ ▾ ▾ ▾

Dans la production des voyelles orales, le voile du palais (ou palais mou) est relevé, l'entrée des cavités nasales est bloquée, et l'air ne peut s'échapper que par la bouche. Dans la production des voyelles nasales, l'air s'échappe par la bouche mais aussi par les cavités nasales car le palais mou est abaissé.

Il existe quatre voyelles nasales en français standard: [ɑ̃], [ɔ̃], [ɛ̃], [œ̃]. L'articulation de ces voyelles nasales correspond plus ou moins à celle des voyelles orales [ɑ, o, ɛ, œ], mais avec une résonance nasale qui peut être vérifiée par la vibration que l'on sent quand on se pince légèrement les ailes du nez lors de la production de ces voyelles. Parmi les voyelles nasales, trois ([ɑ̃], [ɔ̃], [ɛ̃]) sont communes à tous les locuteurs. La quatrième ([œ̃]) est quasiment devenue une variante régionale et sera discutée ultérieurement dans le cadre de la nasale [ɛ̃].

5.2 La voyelle [ɑ̃] ▾ ▾ ▾ ▾ ▾ ▾ ▾ ▾ ▾ ▾ ▾ ▾ ▾ ▾ ▾ ▾ ▾ ▾

Production

La nasale [ɑ̃] est une voyelle POSTÉRIEURE, ÉCARTÉE, OUVERTE. Elle est produite pareillement à sa contrepartie orale [ɑ]. La pointe de la langue est derrière les dents inférieures, le dos de la langue est légèrement relevé vers le palais mou et les lèvres sont écartées. L'air s'échappe à la fois par la bouche et le nez.

Tableau 5.1: Les graphies de [ɑ̃]

<an>	**maman** [mamɑ̃], **banc** [bɑ̃], **rang** [ʀɑ̃]
<am>*	**camp** [kɑ̃], **chambre** [ʃɑ̃bʀ]
<en>**	**quotient** [kɔsjɑ̃], **patience** [pasjɑ̃s]
***	**empêcher** [ɑ̃peʃe], **embouchure** [ɑ̃buʃyʀ]

* <am> = [ɑ̃] en position finale n'existe que dans le nom propre **Adam**. <am> se prononce [am] dans **macadam, tam-tam, Rotterdam, Amsterdam** (noms étrangers).

** Voir cas particuliers, section 5.8.

*** en positon finale est prononcé [ɛm] comme dans le mot **tandem** [tɑ̃dɛm].

REMARQUE:
Notez les graphies rares qui correspondent au son [ɑ̃] dans les noms suivants: **paon** [pɑ̃], **faon** [fɑ̃], **taon** [tɑ̃] et les noms propres (villes) **Laon** [lɑ̃], **Caen** [kɑ̃].
EXCEPTION: Le mot **pharaon** se prononce [faʀaɔ̃].

ATTENTION:
Dans le cas d'une voyelle nasale suivie d'une syllabe, essayez d'anticiper la voyelle de cette syllabe et non pas la consonne afin de vous assurer de ne pas ajouter un *[n] ou un *[m] lors de la production de la voyelle nasale.

PRONONCIATION

EXERCICE 1:

Répétez les mots suivants: contraste voyelle orale ≠ voyelle nasale.

1. gars   gant
2. cas   Caen
3. tas   taon
4. sa   sans
5. las   lent
6. ma   ment   *mɑ̃*

EXERCICE 2:

Répétez les mots suivants: effort d'anticipation de la voyelle.

1. pend   pendu
2. tend   tendra
3. blanc   blanchir
4. champ   chambrée
5. rang   ranger
6. vent   ventru

EXERCICE 3:

Répétez les mots suivants: la voyelle [ɑ̃].

1. ment
2. écran
3. prends
4. branche
5. temps
6. grange
7. mangue
8. plante

PRONONCIATION ET TRANSCRIPTION

EXERCICE 4:

Répétez les phrases suivantes et transcrivez-les: emphase sur la voyelle [ɑ̃].

1. Sa tante veut une chambre assez grande.

   _____

2. Entends-tu ce vent violent?

   _____

3. Jean n'est plus aussi vantard qu'avant.

   _____

4. Je ne vous empêche pas d'aller à Caen.

   _____

5. Il est évident que ce sultan est très élégant.

   _____

5.3 La voyelle [ɔ̃] ▼

Production

La nasale [ɔ̃] est une voyelle POSTÉRIEURE, ARRONDIE, MI-FERMÉE. Pour la production de la voyelle, les mâchoires sont beaucoup moins ouvertes que pour [ɑ̃]. La pointe de la langue est derrière les dents inférieures. La langue est reculée vers l'arrière de la bouche (le palais mou) et les lèvres sont arrondies. L'air s'échappe à la fois par la bouche et par le nez.

Graphies correspondantes

Tableau 5.2: Les graphies de [ɔ̃]	
<on>*	**vont** [vɔ̃], **oncle** [ɔ̃kl], **mon** [mɔ̃]
<om>	**nom** [nɔ̃], **trompette** [tʀɔ̃pɛt], **plombier** [plɔ̃bje]

* EXCEPTION: **monsieur** = [məsjø].

PRONONCIATION

☞ EXERCICE 5:

Répétez les mots suivants: contraste voyelle orale ≠ voyelle nasale.

1. beau   bon
2. sot   son
3. lot   long
4. veau   vont
5. tôt   ton
6. eau   on

☞ EXERCICE 6:

Répétez les mots suivants: effort d'anticipation de la voyelle.

1. bon   bombé
2. son   sondage
3. ton   tombeau
4. on   onzième
5. mon   montré
6. long   longuet

◈ EXERCICE 7:

Répétez les mots suivants: la voyelle [ɔ̃].

1. blond
2. plomb
3. non
4. ont

5. front
6. ombre
7. oncle
8. montre

◈ EXERCICE 8:

Répétez les mots suivants: contraste [ɑ̃] ≠ [ɔ̃].

1. temps   thon
2. ment   mon
3. sans   son

4. vend   vont
5. lent   long
6. rang   rond

PRONONCIATION ET TRANSCRIPTION

◈ EXERCICE 9:

Répétez les phrases suivantes et transcrivez-les: emphase sur la voyelle [ɔ̃].

1. Nous aimons les tartes à l'oignon.

   _____

2. Mon chat est un très bon compagnon.

   _____

3. Il m'a montré comment tondre un mouton.

   _____

4. Je crois que son prénom est Raymond.

   _____

5. Elle veut faire le tour du monde en avion.

   _____

Répétez les phrases suivantes et transcrivez-les: emphase sur les voyelles [ɑ̃] et [ɔ̃].

1. Marche lentement! Ce pont est glissant.

   _____

2. Est-ce que ça te dérange si je mange ce bonbon?

   _____

3. Attention! Il y a un taon sur ton veston.

   _____

4. Nous avancerons avec précaution le long du torrent.

   _____

5. Il m'a vendu des champignons qui n'étaient pas très bons.

   _____

5.4 La voyelle [ɛ̃] ▼ ▼ ▼ ▼ ▼ ▼ ▼ ▼ ▼ ▼ ▼ ▼ ▼ ▼ ▼ ▼ ▼

Production

La nasale [ɛ̃] est ANTÉRIEURE, ÉCARTÉE, MI-OUVERTE. L'articulation de [ɛ̃] est proche de celle de sa contrepartie orale [ɛ], mais les mâchoires sont un peu plus ouvertes. Pour la production de la voyelle, la pointe de la langue est derrière les dents inférieures, la partie antérieure de la langue s'élève vers le palais dur et les lèvres sont écartées. L'air s'échappe à la fois par la bouche et le nez.

Tableau 5.3: Les graphies de [ɛ̃]

\<in, yn, ein, ain\>	**dessin** [desɛ̃], **sphynx** [sfɛ̃ks], **plein** [plɛ̃], **main** [mɛ̃]
\<im, ym, eim, aim\>	**important** [ɛ̃pɔʀtɑ̃], **symphonie** [sɛ̃fɔni], **Reims** [ʀɛ̃s], **faim** [fɛ̃]
\<éen\>	**lycéen** [liseɛ̃]
\<ien, yen\>	**lien** [ljɛ̃], **moyen** [mwajɛ̃] EXCEPTION: **le yen** [jɛn] (monnaie japonaise)
\<oin, oing\>	**soin** [swɛ̃], **coing** [kwɛ̃]
\<en\>*	**examen** [ɛgzamɛ̃]

* Voir les problèmes de la graphie \<en\>, section 5.8.

Cas particulier: La graphie \<un, um\>

Dans la prononciation de certains locuteurs, la graphie \<un, um\> est associée à la voyelle NASALE [œ̃] (ANTÉRIEURE, ARRONDIE, MI-OUVERTE): **chacun** [ʃakœ̃], **parfum** [paʀfœ̃]. Dans la prononciation d'autres locuteurs, la graphie \<un, um\> n'est pas différenciée de celles associées à la voyelle [ɛ̃]. Nous choisissons ici d'utiliser [ɛ̃] pour représenter la prononciation de la voyelle nasale dans des mots tels que **chacun**, **parfum**, etc. ([ʃakɛ̃], [paʀfɛ̃]). Les raisons de ce choix seront expliquées dans la section 5.5. Cependant, l'apprenant qui possède déjà la nasale [œ̃] dans sa prononciation pourra bien évidemment continuer de l'utiliser.

EXCEPTION:

Les mots suivants en \<um\> sont prononcés avec une voyelle orale: mots latins ou étrangers en \<-um\>: **maximum** [maksimɔm], **minimum** [minimɔm], **aquarium** [akwaʀjɔm], etc.; **rhum** [ʀɔm] (mot d'origine martiniquaise), **chewing gum** [ʃwiŋgɔm].

PRONONCIATION

EXERCICE 11:

Répétez les mots suivants: effort d'anticipation de la voyelle.

1. rein   rinçage
2. main   minci
3. grain   grinçant
4. pain   pinceau
5. coin   coincé
6. serin   seringue

EXERCICE 12:

Répétez les mots suivants: contraste [ɛ̃] ≠ [ɑ̃].

1. teint   tant
2. bain   banc
3. main   ment
4. frein   franc
5. grain   grand
6. plein   plan

EXERCICE 13:

Répétez les mots suivants: contraste [ɛ̃] ≠ [ɑ̃] ≠ [ɔ̃].

1. faim faon font
2. sain sans son
3. pain paon pont
4. thym temps thon
5. daim dent don
6. gain gant gond
7. rein rang rond
8. lin lent long
9. Tintin tentant tonton
10. poussin poussant poussons
11. devin devant devons
12. Alain allant allons

EXERCICE 14:

Répétez les phrases suivantes et transcrivez-les: emphase sur la voyelle [ɛ̃].

1. Son cousin arrive de Verdun par le train.

   œ̃ ɛ̃   ɛ̃   ɛ̃

2. Votre dessin est moins bien que le mien.

   ɛ̃   ɛ̃   ɛ̃   ɛ̃

3. Les bons peintres rincent toujours leurs pinceaux.

   ɛ̃   ɛ̃   ɛ̃

4. Donnez un peu de pain à chacun.

   œ̃   ɛ̃   ɛ̃

5. Ce voisin très sympathique est italien.

   ɛ̃   ɛ̃

EXERCICE 15:

Répétez les phrases suivantes et transcrivez-les: emphase sur les voyelles [ɑ̃], [ɔ̃] et [ɛ̃].

1. La maison de mon cousin est bien grande!

2. Ils rentreront de vacances dimanche prochain.

3. Les enfants des Dupont sont vraiment charmants.

4. Ce pain est très bon. Prenez-en une tranche.

5. Elle aime les grands garçons bruns.

6. Mon camarade de chambre a vingt-cinq ans.

7. Vous pourriez me répondre un peu plus gentiment.

8. Pourquoi veux-tu emprunter ma montre?

_____

9. Son étudiant s'est endormi pendant l'examen.

_____

10. Il attend la fin de la semaine avec impatience.

_____

5.5 Variabilité des voyelles [ɛ̃] et [œ̃] ▼ ▼ ▼ ▼ ▼ ▼ ▼ ▼ ▼ ▼ ▼ ▼

Comme nous l'avons noté précédemment, la voyelle [œ̃] ne fait pas partie de la prononciation de tous les locuteurs français. Ce phénomène n'est pas récent. Il date de plusieurs générations et la disparition de la voyelle [œ̃] au profit de [ɛ̃] continue de se répandre. Une enquête menée par deux linguistes dans l'espace d'une génération sur la prononciation des mots **brin** et **brun** (contraste formel: [bʀɛ̃] ≠ [bʀœ̃]) indique la tendance à la généralisation de l'emploi de [ɛ̃] pour les deux voyelles:

brin = brun = [bʀɛ̃] (Pourcentage des locuteurs qui ne possèdent qu'une voyelle)	
Enquête de Martinet (1941)	**Enquête de Deyhime (1967)**
• Locuteurs parisiens: 42%	• Locuteurs parisiens: 71%
• France non méridionale: 20%	• France non méridionale: 47%
• France méridionale: 0%	• France méridionale: 2%

Le déclin de la voyelle [œ̃] au profit de [ɛ̃], général dans la région parisienne (et en voie de généralisation dans la France non méridionale), et son maintien dans la France méridionale ne devrait poser aucun problème de compréhension ou de communication pour l'apprenant étranger. La voyelle [œ̃] ne se trouve que dans une vingtaine de mots courants (**brun, parfum, un, commun, chacun, aucun, emprunter, opportun, lundi, quelqu'un,** etc.) et dans le cas (très rare) où les deux voyelles apparaissent dans des paires minimales, le contexte dans lequel ces mots sont utilisés, ainsi que leur fonction grammaticale, permettent la distinction du sens:

brin (un nom)   ≠   **brun** (un adjectif)
un volontaire (un nom)   ≠   **involontaire** (un adjectif)

5.6 Variabilité des voyelles [ɑ̃] et [ɔ̃] ▼ ▼ ▼ ▼ ▼ ▼ ▼ ▼ ▼ ▼ ▼

Depuis une vingtaine d'années, la prononciation de la voyelle nasale [ɑ̃] et de la nasale [ɔ̃] est très rapprochée chez certains locuteurs parisiens. Ainsi, Henriette Walter (1977) et Pierre Léon (1992) signalent une tendance à réduire le contraste articulatoire entre les voyelles [ɑ̃] et [ɔ̃], chez les jeunes en particulier, au profit de [ɔ̃]. Cependant, ce phénomène de neutralisation du contraste [ɑ̃] ≠ [ɔ̃] est trop récent et trop localisé pour que nous en tenions compte dans un modèle de prononciation, car il est très loin d'avoir les proportions de la neutralisation du contraste [ɛ̃] ≠ [œ̃]. Quoiqu'il en soit, il est important de signaler cette émergence d'une voyelle intermédiaire entre [ɑ̃] et [ɔ̃] car elle pourra créer des problèmes supplémentaires aux apprenants dans le cadre de la discrimination auditive entre un [ɑ̃] et un [ɔ̃] (voir section 5.9).

REMARQUE:
Ivan Fónagy (1989) et Pierre Léon (1992) mentionnent également une tendance à la confusion de la voyelle [ɛ̃] et de la voyelle [ɑ̃] (tendance vers une neutralisation en [ɑ̃]) dans le parler populaire des jeunes parisiens.

5.7 Alternance voyelle orale, voyelle nasale ▼ ▼ ▼ ▼ ▼ ▼ ▼ ▼ ▼

Une des difficultés concernant l'apprentissage du français est de reconnaître si une voyelle est orale ou nasale de part sa graphie. Nous proposons ici quelques règles générales qui permettront à l'apprenant de prédire, dans la grande majorité des cas, la prononciation d'une voyelle nasale ou d'une voyelle orale, que le mot soit connu ou non de l'apprenant. Nous discuterons ensuite de la prononciation spécifique dans le cas de chaque voyelle orale à alternance nasale.

Timbre de la voyelle

Règle 1: Nasale → Orale devant une voyelle

vin [vɛ̃]   →   vinaigre [vinɛgʀ]

un [ɛ̃]   →   une [yn]

RAPPEL:
Voyelle + <m> ou <n> en position finale = Nasale (**parfum, sain**)

Voyelle + <m> ou <n> + Consonne autre que <m> ou <n> = Nasale (**plomb, pantalon**)

Règle 2: Nasale → Orale devant <m> ou <n>

bon [bɔ̃]	→ bonne [bɔn]
an [ɑ̃]	→ année [ane]
impossible [ɛ̃pɔsibl]	→ immobile [im(m)ɔbil]

REMARQUE:

Certains mots avec les préfixes **im-, em-** et **en-** gardent leur voyelle nasale. Cependant, pour beaucoup de ces mots, l'emploi d'une voyelle orale est aussi possible. Il s'agira donc de ne mémoriser que les mots qui n'ont qu'une seule prononciation acceptable:

1. Voyelle nasale ou orale

immettable:	[ɛ̃mɛtabl] ou [imɛtabl]
immanquable:	[ɛ̃mɑ̃kabl] ou [imɑ̃kabl]
immangeable:	[ɛ̃mɑ̃ʒabl] ou [imɑ̃ʒabl]
(s')enamourer:	[ɑ̃namuʀe] ou [enamuʀe]
(s')enivrer:	[ɑ̃nivʀe] ou [enivʀe]

2. Voyelle nasale seulement

emmêler:	[ɑ̃mele]
emmener:	[ɑ̃m(ə)ne]
(s')ennuyer:	[ɑ̃nɥije]
ennoblir:	[ɑ̃nɔbliʀ]
enorgueillir:	[ɑ̃nɔʀgœjiʀ]

Règle 3: Nasale → Orale dans la liaison

un bon travail [ɛ̃bɔ̃tʀavaj] → un bon étudiant [ɛ̃bɔnetydjɑ̃]

EXCEPTION:

La voyelle nasale reste nasale dans la liaison pour les mots suivants:

mon, ton, son, on: **mon ami** [mɔ̃nami], **on y va** [ɔ̃niva]

en: **en avant** [ɑ̃navɑ̃]

rien, bien: **il n'a rien écouté** [ilnaʀjɛ̃nekute], **il a bien entendu** [ilabjɛ̃nɑ̃tɑ̃dy]

un, aucun, commun: **un avion** [ɛ̃navjɔ̃], **aucun effort** [okɛ̃nefɔʀ], **commun accord** [kɔmɛ̃nakɔʀ]

Correspondance voyelle orale, voyelle nasale

1. La nasale [ɑ̃]

La voyelle homologue orale de la nasale [ɑ̃] est la voyelle [a].

GRAPHIE <AN> OU <EN>

an [ɑ̃]	année [ane]
constant [kɔ̃stɑ̃]	constamment [kɔ̃stamɑ̃]
patient [pasjɑ̃]	patiemment [pasjamɑ̃]
évident [evidɑ̃]	évidemment [evidamɑ̃]

EXCEPTION: **il prend** [ilpʀɑ̃], mais **ils prennent** [ilpʀɛn], etc.

2. La nasale [ɔ̃]

La voyelle homologue orale de la nasale [ɔ̃] est la voyelle [ɔ]*.

GRAPHIE <ON> OU <OM>

bon [bɔ̃]	bonne [bɔn]
nom [nɔ̃]	nomme [nɔm]

3. La nasale [ɛ̃]

Les voyelles homologues orales de la nasale [ɛ̃] peuvent être [y], [i] ou [ɛ] selon les cas suivants:

a. GRAPHIE <UN> OU <UM>

un [ɛ̃]	une [yn]
parfum [paʀfɛ̃]	parfume [paʀfym]

b. GRAPHIE <IN> OU <IM>

cousin [kuzɛ̃]	cousine [kuzin]
dessin [desɛ̃]	dessine [desin]
important [ɛ̃pɔʀtɑ̃]	immense [im(m)ɑ̃s]

c. GRAPHIE <AIN>, <IEN>, <ÉEN> ET <YEN>

américain [ameʀikɛ̃]	américaine [ameʀikɛn]
sain [sɛ̃]	saine [sɛn]
canadien [kanadjɛ̃]	canadienne [kanadjɛn]
il tient [iltjɛ̃]	ils tiennent [iltjɛn]
lycéen: [liseɛ̃]	lycéenne [liseɛn]
moyen [mwajɛ̃]	moyenne [mwajɛn]

EXCEPTION: **copain** [kɔpɛ̃], mais **copine** [kɔpin].

---

* Il est intéressant de constater que si, du point de vue articulatoire, [ɑ̃] et [ɔ̃] sont les contreparties nasales des voyelles orales [a] et [o], les nasales [ɑ̃] et [ɔ̃] alternent avec les voyelles [a] et [ɔ] du point de vue de la prononciation quand elles sont dénasalisées.

5.8 Le problème de la graphie \<en\> ▼ ▼ ▼ ▼ ▼ ▼ ▼ ▼ ▼ ▼ ▼

La graphie \<en\> peut représenter les sons [ɛ̃] ou [ɑ̃] et dans certains cas, elle peut représenter les sons [ɛn] ou peut ne pas être prononcée. Les règles suivantes proposent un aperçu général de la prononciation de \<en\>:

1. \<y\>, \<i\> ou \<é\> + \<en\> en position finale d'un mot = [ɛ̃]

   moyen [mwajɛ̃]   chien [ʃjɛ̃]

   canadien [kanadjɛ̃]   lycéen [liseɛ̃], etc.

2. \<en\> = [ɛ̃] dans certains mots qui sont pour la plupart des mots savants, étrangers ou des noms propres

   examen [ɛgzamɛ̃]   benzine [bɛ̃zin]   Rubens [ʀybɛ̃s]

   agenda [aʒɛ̃da]   Benjamin [bɛ̃ʒamɛ̃] Stendhal [stɛ̃dal]

   appendice [apɛ̃dis]   pentagone [pɛ̃tagon] etc.

   Notez que **St. Ouen** (une ville) se prononce [sɛ̃twɛ̃], mais **Rouen** se prononce [ʀwɑ̃] et **Caen** se prononce [kɑ̃].

3. \<en\> = [ɛn] dans quelques mots empruntés au latin

   pollen [pɔlɛn]   spécimen [spesimɛn], etc.

   abdomen [abdɔmɛn]

4. \<ient\> = [jɛ̃] dans la conjugaison des verbes **venir, tenir, maintenir**, etc. à la troisième personne du singulier mais se prononce [jɑ̃] dans les noms et les adjectifs

   il tient [iltjɛ̃]

   elle revient [ɛlʀəvjɛ̃]

   MAIS:

   client [klijɑ̃]

   patient [pasjɑ̃]

5. \<en\> + \<t\> n'est pas prononcé dans les terminaisons verbales (troisième personne du pluriel)

   ils chantent [ilʃɑ̃t]   ils prient [ilpʀi], etc.

   elles créent [ɛlkʀe]

6. \<en\> = [ɑ̃] dans les environnements restants

   lent [lɑ̃], ardente [aʀdɑ̃t], latent [latɑ̃]

   entrer [ɑ̃tʀe], tenter [tɑ̃te], prendre [pʀɑ̃dʀ]

   menthe [mɑ̃t], tente [tɑ̃t], immense [im(m)ɑ̃s], etc.

☾ EXERCICE 16:

Répétez les phrases suivantes et transcrivez-les: contraste voyelle orale ≠ voyelle nasale.

1. Vous pensez qu'ils rient souvent?

   _____

2. Il n'a pas bonne mine à cause de sa migraine.

   _____

3. Je n'ai aucune intention de faire la cuisine.

   _____

4. Cette jolie brune est italienne.

   _____

5. Non, il ressemble à sa cousine, pas à son cousin.

   _____

5.9 Production et perception des voyelles nasales ▼ ▼ ▼ ▼ ▼ ▼

Tandis que la production d'une voyelle nasale en tant que son isolé devrait poser peu de difficultés à l'apprenant (comme dans le cas du contraste [a] ≠ [ɑ̃]), la production de la nasale dans un mot ou dans la chaîne parlée en général pourra poser certains problèmes à cause de l'existence des voyelles nasalisées en anglais. Ainsi dans *ban*, la voyelle anglaise est légèrement nasalisée par anticipation de la consonne nasale suivante qui est prononcée: [bæn]. Par contraste, dans le mot français **ban**, la voyelle est complètement nasale et la consonne nasale suivante (<n>) n'est pas prononcée: [bɑ̃]. L'apprenant devra donc s'efforcer de nasaliser la voyelle en français dès le début de sa production et de ne pas anticiper (ni prononcer) la consonne nasale suivante. Cet effort d'articulation de la voyelle nasale devra être redoublé pour ne pas insérer un *[n] ou un *[m] dans le cas d'une consonne qui suit la production de la voyelle nasale. Le mot **blanche**, par exemple, se prononce [blɑ̃ʃ] et non pas *[blɑ̃nʃ].*

---

* Le même phénomène d'insertion d'un [n] ou un [m] après une voyelle nasale se produit en français méridional où beaucoup de locuteurs tendent à insérer un [n] devant un [d] ou un [t] et un [m] devant un [p] ou un [b]: **chanter** = [ʃɑ̃nte], **tomber** = [tɔ̃mbe], etc. De même, ces locuteurs insèrent un [ŋ] devant une consonne vélaire ([k] ou [g]) (**anguille** = [ɑ̃ŋgij]) ou à la fin des mots contenant surtout la voyelle nasale [ɛ̃]: **matin** = [matɛ̃ŋ]. Cette prononciation, qui est considérée typique du Midi de la France n'est pas à conseiller à l'apprenant qui veut acquérir un modèle de prononciation «neutre».

La distinction auditive entre [ɑ̃] et [ɔ̃] et aussi la production du contraste [ɑ̃] ≠ [ɔ̃] tendent à poser quelques problèmes aux apprenants bien que, d'un point de vue théorique, ces deux voyelles diffèrent par l'arrondissement des lèvres ([ɔ̃] est très arrondi, [ɑ̃] est écarté) et par la hauteur ([ɔ̃] est mi-fermé, [ɑ̃] est ouvert). Il sera donc essentiel que l'apprenant pratique le contraste articulatoire entre les deux voyelles au moyen de paires minimales et apprenne à distinguer quelle voyelle est utilisée par un travail d'écoute au laboratoire et dans le contexte de la conversation en général.

Tableau 5.4: Voyelle orale ≠ Voyelle nasale

Voyelle nasale	Voyelle orale
V + <n> ou <m> final: **pain** [pɛ̃] **nom** [nɔ̃]	V + <n> ou <m> + V: **aîné** [ene] **aime** [ɛm]
V + <n> ou <m> + C *autre que* <m> ou <n>: **peindre** [pɛ̃dR] **plomb** [plɔ̃]	V + <nn>, <mm> ou <mn> + V: **année** [ane] **immense** [im(m)ɑ̃s] **hymne** [imn]
	V + <n> + Liaison: **ce bon ami** [səbɔnami]

RAPPEL:

La voyelle nasale reste nasale dans la liaison pour les mots **mon, ton, son, on, un, en, rien, bien, aucun, commun.**

5.10 Les voyelles nasales: Résumé ▼ ▼ ▼ ▼ ▼ ▼ ▼ ▼ ▼ ▼ ▼

Tableau 5.5: Les voyelles nasales: Tableau récapitulatif

Nasale [ɑ̃]	Nasale [ɔ̃]	Nasale [ɛ̃]
<an>: **ange** [ɑ̃ʒ]		
<en>: **centime** [sɑ̃tim]		<en> (*mots savants, étrangers, noms propres*): **benzine** [bɛ̃zin]
<ient> (*adjectifs et noms*): **conscient** [kɔ̃sjɑ̃] **scientifique** [sjɑ̃tifik]		<ient> (*verbes, 3ᵉ personne du singulier*): **vient** [vjɛ̃]
<aen> (*noms propres*): **Caen** [kɑ̃]	<on>: **oncle** [ɔ̃kl]	
<aon>: **paon** [pɑ̃]	<om>: **nom** [nɔ̃]	
		<in, ein>: **fin** [fɛ̃] **rein** [ʀɛ̃]
		<yn, ym>: **lynx** [lɛ̃ks] **nymphe** [nɛ̃f]

Nasale [ɑ̃]	Nasale [ɔ̃]	Nasale [ɛ̃]
		<ain, aim>: **main** [mɛ̃] **essaim** [esɛ̃]
		<ien, yen>: **rien** [ʀjɛ̃] **citoyen** [sitwajɛ̃]
		<éen>: **européen** [øʀo/ɔpeɛ̃]
		<un, um>: **lundi** [lɛ̃di] **humble** [ɛ̃bl]

RAPPEL:

1. <an>, <en>, <in> s'épellent <am>, , <im> devant <p> ou <b>.

2. La graphie <ent> n'est pas prononcée quand elle représente une terminaison verbale (troisième personne du pluriel): **ils rient** [ilʀi], **elles arrivent** [ɛlzaʀiv], **elles attendent** [ɛlzatɑ̃d], etc.

3. Les graphies <un, um> correspondent à la nasale [œ̃] dans la prononciation de certains locuteurs.

4. La graphie <en> en position finale de mot correspond aux sons [ɛn] dans certains mots empruntés au latin comme **pollen, abdomen**.

5. La graphie <oin> représente les sons [wɛ̃]: **loin** [lwɛ̃].

Révision 2

Les voyelles nasales

🎧 EXERCICE 1:

Répétez les phrases suivantes.

1. Elle est mince et grande.
2. Mon parrain a pris un bain à Verdun.
3. Il regarda le vin blanc ardemment.
4. Elle a l'air intéressante au maximum.
5. Son frère est un garçon très charmant.
6. Je pense que ce pont est trop pimpant.
7. Il s'habilla élégamment pour cet événement solennel.
8. L'offre de Tonton est très tentante.
9. T'a-t-on dit que Tata vient en train?
10. A ma connaissance, Rubens n'a jamais peint de poussins.
11. Jean a un immense champ de menthe.
12. Son linge est moins blanc que le mien.
13. Allons, Alain! Soyez galant.
14. Ils tiennent à manger des anguilles.
15. Mon plombier a pris de l'embonpoint.
16. Ce lycéen passe son temps à dessiner des gants.
17. Ce grand brun et cette grande brune habitent à Reims.
18. La cuisine de mon cousin est immangeable.
19. Mon ami s'est ennuyé constamment.
20. Il aura un examen et des soins pour son appendice.

EXERCICE 2:

Maintenant, prononcez les phrases de l'exercice 1 d'après le modèle donné dans la transcription.

1. Elle est mince et grande.   [ɛlemɛ̃s egʀɑ̃d↘]

2. Mon parrain a pris un bain à Verdun.   [mɔ̃paʀɛ̃ apʀiɛ̃bɛ̃↗ avɛʀdɛ̃↘]

3. Il regarda le vin blanc ardemment.   [ilʀəgaʀda ləvɛ̃blɑ̃↗ aʀdamɑ̃↘]

4. Elle a l'air intéressante au maximum.   [ɛlalɛʀ ɛ̃teʀesɑ̃t↗ omaksimɔm↘]

5. Son frère est un garçon très charmant.   [sɔ̃fʀɛʀ↗ e(t)ɛ̃gaʀsɔ̃ tʀeʃaʀmɑ̃↘]

6. Je pense que ce pont est trop pimpant.   [ʒəpɑ̃s kəsəpɔ̃↗ etʀopɛ̃pɑ↘]

7. Il s'habilla élégamment pour cet événement solennel.
   [ilsabija elegamɑ̃↗ puʀsetevɛnmɑ̃ sɔlanɛl↘]

8. L'offre de Tonton est très tentante.   [lɔfʀə dətɔ̃tɔ̃↗ etʀɛtɑ̃tɑ̃t↘]

9. T'a-t-on dit que Tata vient en train?   [tatɔ̃di kətata vjɛ̃ɑ̃tʀɛ̃↗]

10. À ma connaissance, Rubens n'a jamais peint de poussins.
    [amakɔne/ɛsɑ̃s↗ Rybɛ̃s↗ naʒamɛpɛ̃ d(ə)pusɛ̃↘]

11. Jean a un immense champ de menthe.   [ʒɑ̃↗ aɛ̃nim(m)ɑ̃s ʃɑ̃d(ə)mɑ̃t↘]

12. Son linge est moins blanc que le mien.   [sɔ̃lɛ̃ʒ emwɛ̃blɑ̃↗ kələmjɛ̃↘]

13. Allons, Alain! Soyez galant.   [alɔ̃ alɛ̃↘ swajegalɑ̃↘]

14. Ils tiennent à manger des anguilles.   [iltjɛn amɑ̃ʒe dezɑ̃gij↘]

15. Mon plombier a pris de l'embonpoint.
    [mɔ̃plɔ̃bje↗ apʀi d(ə)lɑ̃bɔ̃pwɛ̃↘]

16. Ce lycéen passe son temps à dessiner des gants.
    [səliseɛ̃↗ passɔ̃tɑ̃↗ adesine degɑ̃↘]

17. Ce grand brun et cette grande brune habitent à Reims.
    [səgʀɑ̃bʀɛ̃↗ esetgʀɑ̃dbʀyn↗ abitaʀɛ̃s↘]

18. La cuisine de mon cousin est immangeable.
    [lakɥizin dəmɔ̃kuzɛ̃↗ e(t)ɛ̃mɑ̃ʒabl↘]

19. Mon ami s'est ennuyé constamment.   [mɔ̃nami↗ se(t)ɑ̃nɥije kɔ̃stamɑ̃↘]

20. Il aura un examen et des soins pour son appendice.
    [ilɔʀa↗ ɛ̃nɛgzamɛ̃ edeswɛ̃↗ puʀsɔ̃napɛ̃dis↘]

EXERCICE 3:

Dictée phonétique: transcrivez les phrases que vous entendez et indiquez l'intonation.

1. _____

   _____

2. _____

   _____

3. _____

   _____

4. _____

   _____

5. _____

   _____

EXERCICE 4:

Transcrivez les phrases suivantes: emphase sur la voyelle [ɑ̃].

1. Ils vont prendre leurs vacances maintenant.

   _____

2. Où as-tu rangé mes gants?

   _____

3. Cet enfant est vraiment très grand pour son âge.

   _____

4. Quel temps avez-vous à Laon en ce moment?

   _____

5. Il faut me le demander gentiment.

   _____

EXERCICE 5:

Transcrivez les phrases suivantes: emphase sur la voyelle [ɔ̃].

1. Ne ronge pas tes ongles.

   _____

2. Il n'y a pas d'ombre sur mon balcon.

   _____

3. Quel nom a-t-il dit?

   _____

4. Ma montre ne marche plus depuis onze heures.

   _____

5. Monsieur Dupont habite à Londres.

   _____

EXERCICE 6:

Transcrivez les phrases suivantes: emphase sur la voyelle [ɛ̃].

1. Regarde! Il y a un petit lapin dans le jardin.

   _____

2. Il aura besoin de soins intensifs chez le médecin.

   _____

3. Je suis certain qu'il est canadien.

   _____

4. Ce vin blanc est imbuvable.

   _____

5. Il est impossible qu'il soit aussi malin.

   _____

EXERCICE 7:

Transcrivez les phrases suivantes: les voyelles [ɑ̃, ɔ̃, ɛ̃].

1. Ces bonbons sont immangeables!

   _____

2. Mon oncle habite à Nantes en ce moment.

   _____

3. Ses arguments ne sont pas très convaincants.

   _____

4. Mon voisin et ma voisine ont cinq chiens.

   _____

5. N'achetez jamais rien à ce marchand de poissons.

   _____

EXERCICE 8:

Transcrivez les phrases suivantes: contraste voyelle orale ≠ voyelle nasale.

1. C'est extrêmement lent, cette circulation.

   _____

2. Ma tranche de jambon n'est pas bonne.

   _____

3. Elle aime faire des randonnées en montagne.

   _____

4. Vous êtes plutôt impatiente, Simone.

   _____

5. Prenez ce médicament et attendez patiemment.

   _____

6. Ils arrivent de Rotterdam en avion.

   _____

7. Evidemment, elle n'a jamais rien dit.

   _____

8. Il y a plein de pollen dans ma chambre.

   _____

9. Ils reviennent de Rouen le quinze septembre.

   _____

10. Les géraniums ont un parfum enivrant?

   _____

Révision 2

Corrigé

EXERCICE 3: Réponses

1. Il a une trop bonne opinion de lui-même.

    [ila↗ yntʀobɔn opinjɔ̃↗ d(ə)lɥimɛm↘]

2. Il lui manque deux dents de devant.

    [illɥimãk dødã↗ dədəva↘]

3. Attendez, comme tout le monde!

    [atãde↘ kɔmtulmɔ̃d↘]

4. Un agenda ou un calepin: quelle est la différence?

    [ɛ̃naʒɛda↗ uɛ̃kalpɛ̃↘ kɛle ladifeʀãs↘]

5. Ce jeune vaurien a finalement cassé ma sonnette.

    [səʒœnvoʀjɛ̃↗ afinalmã kase masɔnɛt↘]

EXERCICE 4: Réponses

1. Ils vont prendre leurs vacances maintenant.

    [ilvɔ̃pʀãdʀ lœrvakãs↗ mɛ̃tnã↘]

2. Où as-tu rangé mes gants?

    [u atyʀãʒe megã↘]

3. Cet enfant est vraiment très grand pour son âge.

    [sɛtãfã↗ evʀɛmã tʀɛgʀã↗ puʀsɔ̃naʒ↘]

4. Quel temps avez-vous à Laon en ce moment?

    [kɛltã avevualã↘ ãsmɔmã↘]

5. Il faut me le demander gentiment.

    [ilfo mləd(ə)mãde↗ ʒãtimã↘]

EXERCICE 5: Réponses

1. Ne ronge pas tes ongles.

   [nəʀɔ̃ʒpa tezɔ̃gl↘]

2. Il n'y a pas d'ombre sur mon balcon.

   [ilnjapadɔ̃bʀ↗ syʀmɔ̃balkɔ̃↘]

3. Quel nom a-t-il dit?

   [kɛlnɔ̃ atildi↘]

4. Ma montre ne marche plus depuis onze heures.

   [mamɔ̃tʀ↗ nəmaʀʃəply↗ dəpɥiɔ̃zœʀ↘]

5. Monsieur Dupont habite à Londres.

   [məsjødypɔ̃↗ abitalɔ̃dʀ↘]

EXERCICE 6: Réponses

1. Regarde! Il y a un petit lapin dans le jardin.

   [ʀəgaʀd↘ ilja ɛ̃ptilapɛ̃↗ dɑ̃lʒaʀdɛ̃↘]

2. Il aura besoin de soins intensifs chez le médecin.

   [ilɔʀabəzwɛ̃↗ dəswɛ̃ɛ̃tɑ̃sif↗ ʃelmedsɛ̃↘]

3. Je suis certain qu'il est canadien.

   [ʒ(ə)sɥisɛʀtɛ̃↗ kilekanadjɛ̃↘]

4. Ce vin blanc est imbuvable.

   [səvɛ̃blɑ̃↗ e(t)ɛ̃byvabl↘]

5. Il est impossible qu'il soit aussi malin.

   [ile(t)ɛ̃pɔsibl↗ kilswa osimalɛ̃↘]

EXERCICE 7: Réponses

1. Ces bonbons sont immangeables!

   [sebɔ̃bɔ̃↗ sɔ̃(t)ɛ̃mɑ̃ʒabl↘]

2. Mon oncle habite à Nantes en ce moment.

   [mɔ̃nɔ̃kl abitanɑ̃t↗ ɑ̃smɔmɑ̃↘]

3. Ses arguments ne sont pas très convaincants.

   [sezaʀgymɑ̃↗ n(ə)sɔ̃pa tʀɛkɔ̃vɛ̃kɑ̃↘]

4. Mon voisin et ma voisine ont cinq chiens.

   [mɔ̃vwazɛ̃ emavwazin↗ ɔ̃sɛ̃kʃjɛ̃↘]

5. N'achetez jamais rien à ce marchand de poissons.

   [naʃteʒamɛʀjɛ̃↗ as(ə)maʀʃɑ̃dpwasɔ̃↘]

EXERCICE 8: Réponses

1. C'est extrêmement lent, cette circulation.

   [se(t)ɛkstʀɛmmɑ̃lɑ̃↗ sɛtsiʀkylasjɔ̃↘]

2. Ma tranche de jambon n'est pas bonne.

   [matʀɑ̃ʃ dəʒɑ̃bɔ̃↗ nepabɔn↘]

   bonne: la voyelle est orale devant <n>.

3. Elle aime faire des randonnées en montagne.

   [ɛlɛmfɛʀ deʀɑ̃dɔne↗ ɑ̃mɔ̃taɲ↘]

   randonnée: la voyelle est orale devant <n>.

4. Vous êtes plutôt impatiente, Simone.

   [vuzɛtplyto ɛ̃pasjɑ̃t↗ simɔn↘]

   Simone: la voyelle est orale car elle est suivie d'un <e>.

5. Prenez ce médicament et attendez patiemment.

   [pʀəne s(ə)medikamɑ̃↗ eatɑ̃de pasjamɑ̃↘]

   patiemment: la voyelle [ɑ̃] est dénasalisée en [a]; **patiemment** est dérivé de **patient.**

6. Ils arrivent de Rotterdam en avion.

   [ilzaʀiv dəʀɔtɛʀdam↗ ɑ̃navjɔ̃↘]

   ils arrivent: <-ent> ne se prononce pas dans les terminaisons verbales de la troisième personne du pluriel.

Rotterdam: <am> se prononce [am] puisqu'il s'agit d'un nom propre étranger.

en n'est pas dénasalisé dans la liaison.

7. Evidemment, elle n'a jamais rien dit.

   [evidamɑ̃ˀ ɛlnaʒamɛ ʀjɛ̃diˎ]

   évidemment: la voyelle [ɑ̃] est dénasalisée en [a]; **évidemment** est dérivé de **évident.**

8. Il y a plein de pollen dans ma chambre.

   [ilja plɛ̃d(ə)pɔlɛnˀ dɑ̃maʃɑ̃bʀˎ]

   pollen: <en> se prononce [ɛn] car il s'agit d'un mot emprunté au latin.

9. Ils reviennent de Rouen le quinze septembre.

   [ilʀəvjɛn dəʀwɑ̃ˀ ləkɛ̃zsɛptɑ̃bʀˎ]

10. Les géraniums ont un parfum enivrant?

    [leʒeʀanjɔmˀ ɔ̃(t)ɛ̃paʀfɛ̃ ɑ̃nivʀɑ̃ˀ]

    géranium: <um> se prononce [ɔm] car il s'agit d'un mot emprunté au latin.

CHAPITRE 6

Les semi-voyelles: [j], [ɥ], [w]

6.1 Remarques générales ▼ ▼ ▼ ▼ ▼ ▼ ▼ ▼ ▼ ▼ ▼ ▼ ▼ ▼ ▼ ▼

[j, ɥ, w] sont des sons intermédiaires entre les voyelles et les consonnes. Ces semi-voyelles, aussi appelées semi-consonnes, sont plus fermées que les voyelles mais le passage de l'air lors de leur production n'est pas aussi obstrué que pour les consonnes. Les semi-voyelles ne peuvent pas servir de noyau syllabique, c'est-à-dire qu'elles ne peuvent pas former une syllabe à elles seules. Elles apparaissent donc automatiquement en conjonction avec une voyelle du point de vue de la prononciation et de la graphie. En ce qui concerne leur articulation, [j] correspond à la voyelle [i], [ɥ] à la voyelle [y] et [w] à la voyelle [u], mais avec un mouvement rapide de la langue vers le palais dans chaque cas.

6.2 La semi-voyelle [j] ▼ ▼ ▼ ▼ ▼ ▼ ▼ ▼ ▼ ▼ ▼ ▼ ▼ ▼ ▼ ▼

Production

Dans la production de la semi-voyelle [j], les lèvres ont la même position (écartée) que pour la voyelle [i]. La pointe de la langue est derrière les dents inférieures et le dos de la langue touche rapidement le palais dur.

Tableau 6.1: Les graphies de [j]	
(C) + <i> + V prononcée	**pied** [pje], **bien** [bjɛ̃], **ion** [jɔ̃], **souriant** [suʀjɑ̃]
(C) + V + <y> + V prononcée	**soyez** [swaje], **appuyer** [apɥije], **ayez** [eje], **il y a** [ilja], **mayonnaise** [majɔnɛz]
V + <il> final	**soleil** [sɔlɛj], **bétail** [betaj]
C + <ill> + V*	**billet** [bijɛ], **nouille** [nuj], **vieillir** [vjejiʀ]
C + <r> ou <l> + <i> + V prononcée**	**prière** [pʀijɛʀ], **plier** [plije]

* Les mots suivants en <ill> se prononcent [il]: **ville** [vil] et dérivés (**village, villageois, villa**, etc.), **tranquille** [tʀɑ̃kil], **mille** [mil] et dérivés (**million, milliard**, etc.), **Lille** [lil], **Gilles** [ʒil], **pénicilline** [penisilin].

** Dans le cas d'une consonne suivie de [ʀ] ou de [l], la semi-voyelle [j] n'est pas assez forte pour supporter un groupe C+ [l] ou C+ [ʀ] en début de syllabe et la voyelle [i] est insérée pour des raisons articulatoires. Par exemple, **oublier** ne se prononce pas [u \$blje] mais se prononce [ublije], **vous voudriez** se prononce [vuvudʀije], etc. L'ajout de la voyelle [i] n'est pas nécessaire dans le cas d'autres groupes consonantiques: **portière** [pɔʀtjɛʀ], **fermier** [fɛʀmje], etc. car le [j] n'est précédé que d'une seule consonne à l'intérieur d'une même syllabe: [pɔʀ \$tjɛʀ], [fɛʀ \$mje].

6.3 Variabilité de [j] ▼ ▼ ▼ ▼ ▼ ▼ ▼ ▼ ▼ ▼ ▼ ▼ ▼ ▼ ▼ ▼ ▼ ▼ ▼

La semi-voyelle [j] est parfois précédée de la voyelle [i] en syllabe initiale dans la prononciation de certains mots par un assez grand nombre de locuteurs. Cet ajout d'un [i] devant la semi-voyelle [j] est particulièrement fréquent dans la prononciation des mots suivants:

hier = [ijɛʀ] ou [jɛʀ] (ATTENTION: **avant-hier** = [avɑ̃tjɛʀ])

fiancé(e) = [fijɑ̃se] ou [fjɑ̃se]

riante = [ʀijɑ̃t] ou [ʀjɑ̃t], **rieur** = [ʀijœʀ] ou [ʀjœʀ], **rieuse** = [ʀijøz] ou [ʀjøz].

REMARQUE:

Dans le cas de certains verbes monosyllabiques qui contiennent le son [i] en position finale du radical (**rire, nier, lier**, par exemple), beaucoup de locuteurs ajoutent un [i] dans leur prononciation de ces verbes aux deux premières personnes du pluriel au présent selon le paradigme (le modèle) de la conjugaison de ces verbes aux autres personnes. Ainsi, parce que le verbe **nier** se prononce [ni] aux trois premières personnes du singulier au présent (ainsi qu'à la troisième personne du pluriel), les formes **nous** et **vous** seront prononcées sur le même modèle: **nous nions** [nunijɔ̃], **vous niez** [vunije]. Quand ce verbe est prononcé à l'imparfait, le même locuteur qui prononce [vunije] (**vous niez**) au présent dira [vunijje] (**vous niiez**) à l'imparfait.

Notez, par exemple, les prononciations possibles des formes **nous** et **vous** du verbe **rire** au présent et à l'imparfait:

Présent		Imparfait
NOUS RIONS:		NOUS RIIONS:
[nuʀijɔ̃]	→	[nuʀijjɔ̃]
ou		
[nuʀjɔ̃]	→	[nuʀijɔ̃]
VOUS RIEZ		VOUS RIIEZ
[vuʀije]	→	[vuʀijje]
ou		
[vuʀje]	→	[vuʀije]

REMARQUE 2:

Dans le cas des verbes qui contiennent le son [j] en position finale du radical (graphie: <-yer> ou <-iller>: **essayer, travailler**, etc.), la semi-voyelle [j] est redoublée, ou tout au moins allongée, en français standard dans la prononciation de ces verbes à l'imparfait. Ainsi, la première personne du pluriel du verbe **essayer** (**nous essayons**) se prononce [nuzesejɔ̃] au présent, mais se prononce [nuzesejjɔ̃] (**nous essayions**) à l'imparfait. De même, **vous travaillez** se prononce [vutʀavaje] au présent, mais **vous travailliez** [vutʀavajje] à l'imparfait.

Notez cependant que beaucoup de locuteurs cultivés prononcent ces verbes sans marquer de différence entre les temps dans leur prononciation: [nuzesejɔ̃], [vuzeseje] = *présent* ou *imparfait*. De même, dans le cas des verbes en <-ier>, la voyelle [i] est ajoutée devant le [j] dans la prononciation à l'imparfait chez certains locuteurs mais non chez d'autres:

Présent		Imparfait
VOUS ÉTUDIEZ:		VOUS ÉTUDIIEZ:
[vuzetydje]	→	[vuzetydije]
	ou	
VOUS ÉTUDIEZ:		VOUS ÉTUDIIEZ:
[vuzetydje]	=	[vuzetydje]

PRONONCIATION

EXERCICE 1:

Répétez les mots suivants: la voyelle [i], la semi-voyelle [j].

1. scie   scier
2. vie   vieux
3. ris   rien
4. pie   pied
5. mie   miette
6. lit   lieu

EXERCICE 2:

Répétez les mots suivants: la semi-voyelle [j].

1. cieux
2. sien
3. Sioux
4. briller
5. brailler
6. brouiller
7. ail
8. œil
9. houille

PRONONCIATION ET TRANSCRIPTION

EXERCICE 3:

Répétez les phrases suivantes et transcrivez-les: emphase sur la semi-voyelle [j].

1. Il a mangé des rillettes à Lyon. _____

2. As-tu plié les pliants? _____

3. Son diamant brille au soleil. _____

4. Vous êtes prié d'essuyer vos pieds. _____

5. Gilles est allé en ville hier. _____

6.4 La semi-voyelle [ɥ] ▼ ▼ ▼ ▼ ▼ ▼ ▼ ▼ ▼ ▼ ▼ ▼ ▼ ▼ ▼ ▼

Production

Dans la production de [ɥ], les lèvres sont arrondies comme pour la prononciation de [y]. Le milieu du dos de la langue s'élève rapidement vers la partie antérieure du palais et la pointe de la langue reste derrière les dents inférieures.

Tableau 6.2: Les graphies de [ɥ]	
C + \<u\> + V prononcée	**muette** [mɥɛt], **lui** [lɥi], **suave** [sɥav]
C + \<r\> + \<u\> + \<i\>*	**fruit** [fʀɥi], **bruit** [bʀɥi]
C + \<l\> + \<u\> + \<i\>*	**pluie** [plɥi]

* Si une voyelle autre que \<i\> suit le groupe C + \<r\> + \<u\> ou le groupe C + \<l\> + \<u\>, la voyelle [y] est utilisée: **cruelle** [kʀyɛl], **truand** [tʀyɑ̃], **fluette** [flyɛt], etc. Notez cependant que la semi-voyelle [ɥ] est utilisée dans **persuader** [pɛʀsɥade] et les mots dérivés **persuasion, persuasif, persuasive**, etc.

REMARQUE:

La graphie \<uy\> se prononce [ɥij]: **appuyer** [apɥije], **tuyau** [tɥijo], **essuyer** [esɥije], etc. Cependant, les trois mots suivants ont chacun deux prononciations possibles:

$$bruyant \ = \ [bʀyjɑ̃] \ ou \ [bʀɥijɑ̃]$$
$$bruyère \ = \ [bʀyjɛʀ] \ ou \ [bʀɥijɛʀ]$$
$$gruyère \ = \ [gʀyjɛʀ] \ ou \ [gʀɥijɛʀ]$$

6.5 Variabilité de [ɥ] ▼ ▼ ▼ ▼ ▼ ▼ ▼ ▼ ▼ ▼ ▼ ▼ ▼ ▼ ▼ ▼ ▼ ▼

Comme dans le cas de la semi-voyelle [j], il existe un assez grande variabilité chez les locuteurs pour la prononciation de [ɥ] en ce qui concerne, en particulier, les cas où la voyelle [y] alterne avec la semi-voyelle [ɥ] dans certaines formes d'un mot:

il tue [ilty] → il a tué [ilatɥe] ou [ilatye]
une rue [ynʀy] → une ruelle [ynʀɥɛl] ou [ynʀyɛl]

PRONONCIATION

EXERCICE 4:

Répétez les mots suivants: la voyelle [y], la semi-voyelle [ɥ].

1. bue   buée
2. nue   nuage
3. mue   mua
4. su   suis
5. plu   pluie
6. bru   bruit

EXERCICE 5:

Répétez les mots suivants: la semi-voyelle [ɥ].

1. cuite   4. ruée
2. suite   5. duel
3. buée   6. ruelle

PRONONCIATION ET TRANSCRIPTION

EXERCICE 6:

Répétez les phrases suivantes et transcrivez-les: emphase sur la semi-voyelle [ɥ].

1. Essuie les fruits avant de les faire cuire.

   _____

2. Vos propos sont plutôt puérils.

   _____

3. Allez-vous regarder les actualités?

   _____

4. J'ai mis la bouteille d'huile dans la cuisine.

   _____

5. Que pensez-vous des méthodes audio-visuelles?

   _____

6.6 La semi-voyelle [w] ▼ ▼ ▼ ▼ ▼ ▼ ▼ ▼ ▼ ▼ ▼ ▼ ▼ ▼ ▼ ▼

Production

Dans la production de [w], les lèvres sont arrondies; la langue est reculée et la partie postérieure du dos de la langue se rapproche de l'arrière du palais (le palai mou).

Graphies correspondantes

Tableau 6.3: Les graphies de [w]	
<oi>*	**oie** [wa], **loi** [lwa], **trois** [tʀwa], **voir** [vwaʀ]
<oy> + V prononcée**	**loyal** [lwajal], **soyez** [swaje], **moyenne** [mwajɛn]
<oin>	**soin** [swɛ̃], **lointain** [lwɛ̃tɛ̃]
(C) + <ou> + V prononcée***	**ouate** [wat], **inoui** [inwi], **louange** [lwɑ̃ʒ], **louer** [lwe]

* **oignon** se prononce [ɔɲɔ̃].

** <oy> se prononce [ɔj] dans **coyotte** [kɔjɔt], **boycott** [bɔjkɔt], **Goya** [gɔja] (qui sont des mots étrangers).

*** Dans le cas de la graphie <ou> + V, seule la voyelle [u] est possible après une consonne suivie d'un <r> ou d'un <l>: **clouer** [klue], **troua** [tʀua].

REMARQUE 1:
La graphie <w> représente également la semi-voyelle [w] dans certains mots étrangers d'origine anglaise: **week-end** [wikɛnd], **watt** [wat], etc.
EXCEPTION: **wagon** se prononce [vagɔ̃].

REMARQUE 2:
Dans le cas de la graphie <ou> + <ill->, la voyelle [u] et non la semi-voyelle [w] est utilisée: **brouillard** [bʀujaʀ], **nouilles** [nuj], **fouiller** [fuje], etc.

6.7 Variabilité de [w] ▾ ▾ ▾ ▾ ▾ ▾ ▾ ▾ ▾ ▾ ▾ ▾ ▾ ▾ ▾ ▾ ▾ ▾ ▾

Une grande variabilité existe en ce qui concerne l'utilisation de la semi-voyelle [w] ou de la voyelle [u] dans le cadre des mots avec <ou> précédés d'une seule consonne. Ceci est à remarquer en particulier dans les cas où [u] et [w] alternent dans certaines formes d'un mot:

louer = [lue] ou [lwe]   COMPAREZ: je loue [lu], tu loues [lu], etc.
boueux = [buø] ou [bwø]   COMPAREZ: la boue [labu]

PRONONCIATION

𝕊 EXERCICE 7:

Répétez les mots suivants: la voyelle [u], la semi-voyelle [w].

1. mou   moi
2. roux   roi
3. sou   soin
4. loue   loin
5. ou   ouate
6. goût   gouache

Répétez les mots suivants: la semi-voyelle [w].

1. fois	4. oui	7. voyons
2. foin	5. oie	8. voyez
3. fouet	6. ouais	9. voyait

🦻 EXERCICE 9:

Répétez les mots suivants: contraste [ɥ] ≠ [w].

1. suait	souhait	4. suint	soin
2. ruée	rouée	5. tua	toit
3. juin	joint	6. pua	pois

🦻 EXERCICE 10:

Répétez les mots suivants: contraste [w] ≠ [ɥ].

1. mouette	muette	4. enfoui	enfui
2. Louis	lui	5. oui	huis
3. bouée	buée	6. nouée	nuée

PRONONCIATION ET TRANSCRIPTION

🦻 EXERCICE 11:

Répétez les phrases suivantes et transcrivez-les: emphase sur la semi-voyelle [w].

1. Vous avez l'air éblouissante ce soir.

_____

2. Il boit toujours du café noir avec son croissant.

_____

3. Votre manche droite est trouée.

_____

4. Ne mettez pas vos pieds sur l'accoudoir.

_____

5. Je m'aperçois que vous n'êtes pas très adroit.

_____

✑ EXERCICE 12:

Répétez les phrases suivantes et transcrivez-les: emphase sur les semi-voyelles [j], [ɥ] et [w].

1. Ne le croyez pas. Il conduit plus vite que moi.

   _____

2. Quel merveilleux voyage nous avons fait!

   _____

3. Je ne suis pas mieux renseignée sur le sujet.

   _____

4. Pourquoi as-tu besoin d'un nouvel oreiller?

   _____

5. Il regarde la télévision tous les soirs jusqu'à minuit.

   _____

6. Le TGV va de Marseille à Lyon en une heure?

   _____

7. Vous serez toujours la bienvenue chez lui.

   _____

8. Ne perdez pas espoir. La situation va s'améliorer.

   _____

9. Le temps a l'air bien nuageux aujourd'hui.

   _____

10. Elle a passé une nuit blanche à cause de son travail.

   _____

6.8 Résumé de la distribution des semi-voyelles

Tableau 6.4: Distribution de la semi-voyelle [j]

Graphies	Position initiale	Position médiale	Position finale
<i> + V prononcée	**iode** [jɔd]	**assiette** [asjɛt]	
<y> + V prononcée	**yeux** [jø]	**ayez** [eje]	
<ill>		**brouillon** [bʀujɔ̃]	**bille** [bij]
V + <il>			**œil** [œj]

RAPPEL:

1. Certains mots en <ill> ne contiennent pas la semi-voyelle [j]: **mille**, **ville**, **tranquille**, etc.

2. La voyelle [i] est insérée dans les groupes C + <r> ou <l>: **sucrier** [sykʀije], **tablier** [tablije], etc.

Tableau 6.5: Distribution de la semi-voyelle [ɥ]

Graphies	Position initiale	Position médiale	Position finale
<u> + V prononcée	**huile** [ɥil]	**essuyer** [esɥije]	
C + <r> + <u> + <i>		**truite** [tʀɥit]	

RAPPEL:

Dans le cas d'une consonne suivie d'un [ʀ] ou d'un [l], la voyelle [y] est utilisée à la place de la semi-voyelle [ɥ] si la voyelle qui suit n'est pas un <i>: **ruelle** [ʀɥɛl] ≠ **truelle** [tʀyɛl].

Tableau 6.6: Distribution de la semi-voyelle [w]

Graphies	Position initiale	Position médiale	Position finale
<ou> + V prononcée	**ouest** [wɛst]	**tatoué** [tatwe]	
<oy> + V prononcée		**soyeux** [swajø]	
<oi>*	**oie** [wa]	**mois** [mwa]	
<oin>**	**oindre** [wɛ̃dʀ]	**coin** [kwɛ̃]	

* Mis à part le mot **oie**, le son [wa] est très rare en position initiale et ne se trouve que dans les mots **oiseau** [wazo] et dérivés, **oiseux** [wazø] (= **inutile**) et **oisif** [wazif] (= **inactif**).

** Les sons [wɛ̃] n'apparaissent en position initiale que dans le mot **oindre** et ses dérivés.

RAPPEL:

1. La voyelle [u] est utilisée à la place de la semi-voyelle [w] dans le cas de la graphie <ou> après une consonne suivie d'un [ʀ] ou d'un [l]: **rouer** [ʀwe] ≠ **trouer** [tʀue].

2. La graphie <oy> représente les sons [ɔj] dans certains mots étrangers (voir section 6.6).

Révision 3

Les semi-voyelles

🦻 ### EXERCICE 1:

Répétez les phrases suivantes.

1. Touillez la bouillabaisse avec cette cuillère.
2. Il s'ennuie sous la pluie.
3. Il a loué un wapiti pour trois mois.
4. Elle a cloué le tableau avec soin.
5. Mon chien adore la moelle de bœuf.
6. Elle s'est fait piquer par une abeille.
7. Soyez gentille et pliez le tablier.
8. Gilles aime se bronzer au soleil.
9. Il a mis de la mayonnaise sur son crayon.
10. N'oubliez pas votre truelle.
11. J'irai à Bayonne en juillet.
12. Il a essuyé le tiroir?
13. Elle va se marier au mois de juin.
14. Cet endroit est trop bruyant.
15. Ils se sont rués sur le palier.
16. Vous n'étudiez pas ce soir?
17. Le ruisseau n'est pas très loin.
18. Faites attention! Vous allez vous mouiller.
19. Ton papier peint est superbe.
20. Ce toit a besoin de nouvelles tuiles.

EXERCICE 2:

Maintenant, prononcez les phrases de l'exercice 1 d'après le modèle donné dans la transcription.

1. Touillez la bouillabaisse avec cette cuillère. [tuje labujabɛs⁄ avɛksɛtkɥijɛʀ↘]

2. Il s'ennuie sous la pluie. [ilsãnɥi⁄ sulaplɥi↘]

3. Il a loué un wapiti pour trois mois. [ilalwe ɛ̃wapiti⁄ puʀtʀwamwa↘]

4. Elle a cloué le tableau avec soin. [ɛlaklue l(ə)tablo⁄ avɛkswɛ̃↘]

5. Mon chien adore la moelle de bœuf. [mɔ̃ʃjɛ̃ adɔʀ⁄ lamwal dəbœf↘]

6. Elle s'est fait piquer par une abeille. [ɛlsefɛpike⁄ paʀynabɛj↘]

7. Soyez gentille et pliez le tablier. [swajeʒãtij⁄ eplije l(ə)tablije↘]

8. Gilles aime se bronzer au soleil. [ʒil⁄ ɛmsəbʀɔ̃ze⁄ osɔlɛj↘]

9. Il a mis de la mayonnaise sur son crayon. [ilami d(ə)lamajɔnɛz⁄ syʀsɔ̃kʀejɔ̃↘]

10. N'oubliez pas votre truelle. [nublijepa vɔtʀətʀyɛl↘]

11. J'irai à Bayonne en juillet. [ʒiʀe abajɔn⁄ ɑ̃ʒɥije↘]

12. Il a essuyé le tiroir? [ilaesɥije l(ə)tiʀwaʀ⁄]

13. Elle va se marier au mois de juin. [ɛlva s(ə)maʀje⁄ omwa d(ə)ʒɥɛ̃↘]

14. Cet endroit est trop bruyant. [sɛtɑ̃dʀwa⁄ etʀobʀɥijɑ̃↘]

15. Ils se sont rués sur le palier. [ilsəsɔ̃ʀɥe⁄ syʀləpalje↘]

16. Vous n'étudiez pas ce soir? [vunetydjepa səswaʀ⁄]

17. Le ruisseau n'est pas très loin. [ləʀɥiso⁄ nepatʀɛlwɛ̃↘]

18. Faites attention! Vous allez vous mouiller. [fɛtatɑ̃sjɔ̃⁄ vuzale vumuje↘]

19. Ton papier peint est superbe. [tɔ̃papjepɛ̃⁄ esypɛʀb↘]

20. Ce toit a besoin de nouvelles tuiles. [sətwa abəzwɛ̃ d(ə)nuvɛltɥil↘]

EXERCICE 3:

Dictée phonétique: transcrivez les phrases que vous entendez.

1. _____

2. _____

3. _____

4. _____

5. _____

EXERCICE 4:

Transcrivez les phrases suivantes: emphase sur la semi-voyelle [j].

1. Elle a mis une vieille pièce de dix francs sous son oreiller.

   _____

2. Vous voudriez être au soleil pour travailler?

   _____

3. Gabrielle a renversé le sucrier et la soupière.

   _____

4. Il attend impatiemment sa fiancée qui vient de Marseille.

   _____

5. Cette jeune fille est bien insouciante!

   _____

EXERCICE 5:

Transcrivez les phrases suivantes: emphase sur la semi-voyelle [ɥ].

1. Je m'épuise à essayer de le persuader.

   _____

2. Il faudrait vous remuer davantage.

   _____

3. Ma nièce a huit ans aujourd'hui.

   _____

4. Elle n'aime pas conduire quand il y a du brouillard.

   _____

5. Vous m'aviez bien dit de suivre ce petit sentier?

   _____

EXERCICE 6:

Transcrivez les phrases suivantes: emphase sur la semi-voyelle [w].

1. Hier soir, pour la première fois, j'ai entendu un coyotte aboyer.

   _____

2. Il fait de moins en moins d'efforts.

_____

3. Elle va louer une villa pour trois mois.

_____

4. Pourquoi as-tu mis les petits pois dans cet égouttoir?

_____

5. Il souhaiterait bien me revoir.

_____

EXERCICE 7:

Transcrivez les phrases suivantes: emphase sur les trois semi-voyelles.

1. Dites-moi la suite de l'histoire.

_____

2. As-tu entendu le bruit du tonnerre au lointain?

_____

3. A votre place, je ne boirais pas l'eau du ruisseau.

_____

4. Fais attention de ne pas tomber de la balançoire.

_____

5. Il adore cuisiner à l'huile de noix.

_____

6. Cette brouette n'est pas facile à manier.

_____

7. Vos poires, elles coûtent combien?

_____

8. Nous vendrions cette vieille maison si nous le pouvions.

_____

9. Il a encore oublié d'acheter des lames de rasoir.

_____

10. Faites au moins deux brouillons avant de lui rendre la rédaction.

_____

Révision 3

Corrigé

EXERCICE 3: Réponses

1. Goya riait quand il voyait des vers luisants?

   [gɔjaʀijɛ↗ kɑ̃tilvwajɛ devɛʀlɥizɑ̃↗]

2. Louis s'est enfoui et lui s'est enfui.

   [lwi setɑ̃fwi↗ elɥi setɑ̃fɥi↘]

3. Son regard fuyant nous effrayait.

   [sɔ̃ʀəgaʀ fɥijɑ̃↗ nuzefʀɛjɛ↘]

4. Essuyez ce tissu soyeux avec précaution.

   [esɥije sətisyswajø↗ avɛkpʀekosjɔ̃↘]

5. La fille au violoncelle soigne sa présentation.

   [lafij ovjɔlɔ̃sɛl↗ swaɲ(ə) sapʀezɑ̃tasjɔ̃↘]

EXERCICE 4: Réponses

1. Elle a mis une vieille pièce de dix francs sous son oreiller.

   [ɛlami↗ ynvjɛjpjɛs dədifʀɑ̃↗ susɔ̃nɔʀeje↘]

2. Vous voudriez être au soleil pour travailler?

   [vuvudʀije ɛtrosɔlɛj↗ puʀtʀavaje↗]

   Dans **voudriez**, [j] est précédé de deux consonnes (C + <r>) dans la même syllabe; <iez> se prononce donc [ije].

3. Gabrielle a renversé le sucrier et la soupière.

   [gabʀijɛl↗ aʀɑ̃vɛʀse l(ə)sykʀije↗ elasupjɛʀ↘]

   Dans **Gabrielle**, [j] est précédé de deux consonnes (C + <r>) dans la même syllabe; <ielle> se prononce donc [ijɛl]. Dans **sucrier**, [j] est également précédé de deux consonnes (C + <r>) dans la même syllabe, <ier> se prononce donc [ije].

4. Il attend impatiemment sa fiancée qui vient de Marseille.

   [ilatɑ̃ ɛ̃pasjamɑ̃ safijɑ̃se↗ kivjɛ̃ d(ə)maʀsɛj↘]

5. Cette jeune fille est bien insouciante!

[sɛtʒœnfij↗ ebjɛ̃nɛ̃susjɑ̃t↘]

EXERCICE 5: Réponses

1. Je m'épuise à essayer de le persuader.

[ʒ(ə)mepɥiz aeseje↗ dəl(ə)pɛʁsɥade↘]

2. Il faudrait vous remuer davantage.

[ilfodʁɛ vuʁ(ə)mɥe↗ davɑ̃taʒ↘]

3. Ma nièce a huit ans aujourd'hui.

[manjɛs aɥitɑ̃↗ oʒuʁdɥi↘]

4. Elle n'aime pas conduire quand il y a du brouillard.

[ɛlnɛmpa kɔ̃dɥiʁ↗ kɑ̃tilja dybʁujaʁ↘]

5. Vous m'aviez bien dit de suivre ce petit sentier?

[vumavje bjɛ̃di dəsɥivʁ↗ səp(ə)tisɑ̃tje↗]

EXERCICE 6: Réponses

1. Hier soir, pour la première fois, j'ai entendu un coyotte aboyer.

[(i)jɛʁswaʁ↗ puʁlapʁəmjɛʁfwa↗ ʒeɑ̃tɑ̃dy ɛ̃kɔjɔt abwaje↘]

Hier peut également se prononcer [jɛʁ]. **Coyotte** est un mot d'origine étrangère, <oy> se prononce [ɔj] et non [waj].

2. Il fait de moins en moins d'efforts.

[ilfɛ↗ d(ə)mwɛ̃zɑ̃mwɛ̃ defɔʁ↘]

3. Elle va louer une villa pour trois mois.

[ɛlvalwe ynvi(l)la↗ puʁtʁwamwa↘]

<ill-> dans **villa** se prononce [il] et non pas [ij] (voir **ville**, **village**, etc.).

4. Pourquoi as-tu mis les petits pois dans cet égouttoir?

[puʁkwa atymi leptipwa↘ dɑ̃sɛtegutwaʁ↘]

5. Il souhaiterait bien me revoir.

[ilswɛtʁɛbjɛ̃ m(ə)ʁəvwaʁ↘]

EXERCICE 7: Réponses

1. Dites-moi la suite de l'histoire.

   [ditmwa↗ lasɥit dəlistwaR↘]

2. As-tu entendu le bruit du tonnerre au lointain?

   [atyɑ̃tɑ̃dy l(ə)bRɥi dytɔnɛR↗ olwɛ̃tɛ̃↗]

3. A votre place, je ne boirais pas l'eau du ruisseau.

   [avɔtRəplas↗ ʒən(ə)bwaRɛpalo dyRɥiso↘]

4. Fais attention de ne pas tomber de la balançoire.

   [fɛatɑ̃sjɔ̃ dən(ə)patɔ̃be↗ d(ə)labalɑ̃swaR↘]

5. Il adore cuisiner à l'huile de noix.

   [iladɔR kɥizine↗ alɥildənwa↘]

6. Cette brouette n'est pas facile à manier.

   [sɛtbRuɛt↗ nepafasil amanje↘]

   Dans **brouette**, <ou> + V prononcée est précédé de deux consonnes. Seule la voyelle [u] et non la semi-voyelle [w] est possible.

7. Vos poires, elles coûtent combien?

   [vopwaR↗ ɛlkut kɔ̃bjɛ̃↘]

8. Nous vendrions cette vieille maison si nous le pouvions.

   [nuvɑ̃dRijɔ̃ sɛtvjɛjmezɔ̃↗ sinulpuvjɔ̃↘]

   Dans **vendrions**, <i> se trouve après deux consonnes dans la même syllabe et se prononce donc [ij].

9. Il a encore oublié d'acheter des lames de rasoir.

   [ilaɑ̃kɔR ublijedaʃte↗ delam dərazwaR↘]

   Dans **oublié**, <i> se trouve après deux consonnes dans la même syllabe et se prononce donc [ij].

10. Faites au moins deux brouillons avant de lui rendre la rédaction.

    [fɛtomwɛ̃ døbRujɔ̃↗ avɑ̃d(ə)lɥiRɑ̃dR↗ laRedaksjɔ̃↘]

CHAPITRE 7

Les voyelles médiales

7.1 Remarques générales ▼ ▼ ▼ ▼ ▼ ▼ ▼ ▼ ▼ ▼ ▼ ▼ ▼ ▼ ▼ ▼

Le français possède six voyelles médiales: une série mi-fermée ([e, ø, o]) et une série mi-ouverte ([ɛ, œ, ɔ]). Bien que, dans certains environnements, ces voyelles ne soient pas difficiles à reproduire pour un apprenant étranger, elles peuvent donner lieu à une certaine frustration en ce qui concerne l'apprentissage de leur distribution. Celle-ci en effet, dépend beaucoup, mais non essentiellement, du type de syllabe où ces voyelles se trouvent et peut également varier en fonction de certains facteurs géographiques et socio-culturels. Nous proposons de discuter les principes généraux qui régissent la distribution des voyelles médiales, puis d'étudier en détail le comportement des paires [e] ≠ [ɛ], [ø] ≠ [œ], et [o] ≠ [ɔ].

Premier principe: corrélation générale entre la structure syllabique et la distribution des voyelles médiales en position accentuée

En syllabe accentuée, la série mi-fermée tend à se trouver dans une syllabe ouverte (terminée par un son vocalique) et la série mi-ouverte tend à se trouver dans une syllabe fermée (terminée par un son consonantique):

Syllabe ouverte Voyelle fermée	Syllabe fermée Voyelle ouverte
mes [me]	mer [mɛʀ]
peut [pø]	peur [pœʀ]
beau [bo]	botte [bɔt]

Deuxième principe: opposition phonémique dans la distribution des voyelles médiales en français standard

En français standard parisien, la série des voyelles mi-fermées et la série des voyelles mi-ouvertes sont en contraste phonémique (c'est-à-dire s'opposent) dans certains mots et peuvent ainsi apparaître en position accentuée dans le même type de syllabe:

poignée [pwaɲe]	≠	poignet [pwaɲɛ]
jeûne [ʒøn]	≠	jeune [ʒœn]
haute [ot]	≠	hotte [ɔt]

Troisième principe: corrélation générale entre la structure syllabique et la distribution des voyelles médiales en position inaccentuée

En syllabe inaccentuée, la structure syllabique continue de jouer un rôle dans la distribution des voyelles médiales, surtout dans le cas des syllabes fermées, mais à un degré beaucoup moindre qu'en position accentuée. En effet, plusieurs facteurs, surtout en syllabe ouverte, entrent en jeu dans la distribution des voyelles (voir section 7.5).

Syllabe ouverte Voyelle fermée	Syllabe fermée Voyelle ouverte
état [eta]	merci [mɛʀsi]
jeudi [ʒødi]	heurter [œʀte]
aussi [osi]	bordure [bɔʀdyʀ]

7.2 La voyelle [e] ▼

Production

La voyelle [e] est ANTÉRIEURE, ÉCARTÉE, MI-FERMÉE. Dans la production de la voyelle, les lèvres sont écartées, la pointe de la langue est derrière les dents inférieures et la partie antérieure de la langue s'élève vers le palais dur. L'articulation de la voyelle [e] (dans **fée** [fe], par exemple) est intermédiaire entre celle des voyelles anglaises [e] dans *bay* et [ɪ] dans *bit*. Ainsi, la voyelle française est plus fermée que dans *bay*, mais un peu plus ouverte que dans *bit*.

Tableau 7.1: Les graphies et la distribution de [e]

Syllabe accentuée ouverte	Syllabe inaccentuée ouverte
<é(e)>: **été** [ete], **vallée** [vale]	<é>: **étudier** [etydje]
<er>: **aller** [ale], **bouchers** [buʃe]	<e> + <CC>:** **dessin** [desɛ̃]
<ez>: **nez** [ne], **irez** [iʀe]	<ei>: **veiller** [veje]
<ai>: (dans **avoir**: **j'ai** [ʒe])	<ay>:*** **rayon** [ʀejɔ̃]
[e] ou [ɛ] dans le cas des graphies suivantes:	<ai>:**** **saison** [sezɔ̃]
<ai>: **lait** [le/ɛ]	
<è, ê>: **près** [pʀe/ɛ], **prêt** [pʀe/ɛ]	
<et>:* **met** [me/ɛ]	
<ect>: **aspect** [aspe/ɛ]	

* Seule la voyelle [e] est possible dans le cas du mot **et**.

** Les deux consonnes de la graphie dans **dessin** ne représentent qu'un seul son. Si les deux consonnes représentent deux sons, la voyelle [ɛ] est utilisée: **respire** [ʀɛspiʀ].

*** <ay> se prononce [aj] dans les mots suivants: **mayonnaise, cobaye, Bayonne**.

**** <ai> se prononce [ə] dans **nous faisons** [nufəzɔ̃] et **en faisant** [ɑ̃fəzɑ̃].

PRONONCIATION

EXERCICE 1:

Répétez les mots suivants: la voyelle [e].

1. nez
2. thé
3. ses
4. les
5. scier
6. huer
7. bouée
8. gré

⑨ EXERCICE 2:

Répétez les phrases suivantes et transcrivez-les: emphase sur la voyelle [e].

1. Vous étudiez à Noirmoutiers cet été?

   _____

2. Allez voir l'épicier si vous le voulez.

   _____

3. Ne buvez pas de thé sucré.

   _____

4. Le boucher ne veut plus me parler.

   _____

5. Vous allez vous créer des difficultés.

   _____

7.3 La voyelle [ɛ] ▼

Production

La voyelle [ɛ] est ANTÉRIEURE, ÉCARTÉE, MI-OUVERTE. Dans la production de la voyelle, les lèvres sont écartées, la pointe de la langue est derrière les dents inférieures et la partie antérieure de la langue s'élève vers le palais dur, mais moins que pour la voyelle [e]. La voyelle [ɛ] (dans **fer** [fɛʀ], par exemple) est proche de la voyelle anglaise [ɛ] dans *set*, mais un peu plus ouverte que celle-ci. Du point de vue auditif, la distinction en français standard entre [e] et [ɛ] en syllabe ouverte est assez difficile à percevoir: **fée** [fe] ≠ **fait** [fɛ].

Tableau 7.2: Les graphies et la distribution de [ɛ]

Syllabe accentuée ouverte *(voir Tableau 7.1)*	Syllabe inaccentuée ouverte *(voir Tableau 7.1)*
Syllabe accentuée fermée	**Syllabe inaccentuée fermée**
<e, è, ê, ei> + C: **sec** [sɛk], **mère** [mɛʀ], **bête** [bɛt], **seize** [sɛz] <ai, aî> + C: **laisse** [lɛs], **maître** [mɛtʀ]	<e> + C + C: **escale** [ɛskal], **merci** [mɛʀsi]

REMARQUE:

D'après les normes du français standard, <ai> se prononce [e] dans la conjugaison des verbes au futur (**j'irai** [ʒiʀe])—par opposition au conditionnel (**j'irais** [ʒiʀɛ])—et au passé simple (**je chantai** [ʒəʃɑ̃te])—par opposition à l'imparfait (**je chantais** [ʒəʃɑ̃tɛ]). Cependant, un grand nombre de locuteurs (parisiens, en particulier) n'observent pas ces distinctions et neutralisent ces oppositions au profit de [ɛ].

PRONONCIATION

EXERCICE 3:

Répétez les mots suivants: emphase sur la voyelle [ɛ].

1. sel
2. bec
3. verre
4. sept
5. peine
6. rêve
7. aime
8. chef

EXERCICE 4:

Répétez les mots suivants: contraste [e] ≠ [ɛ].

1. fée   faire
2. gué   guêpe
3. ses   celle
4. nez   neige
5. les   lettre
6. thé   thèse

✎ EXERCICE 5:

Répétez les phrases suivantes et transcrivez-les: emphase sur la voyelle [ɛ].

1. Ma mère parle avec son notaire.

   _____

2. Je regrette qu'il soit aussi bête.

   _____

3. Ne laisse pas cette cuillère sous le verre.

   _____

4. Elle admire beaucoup vos ancêtres.

   _____

5. Il a l'air fier d'être grand-père.

   _____

7.4 Variabilité de [e] et [ɛ] en position accentuée ▼ ▼ ▼ ▼ ▼

L'opposition phonémique [e] ≠ [ɛ] en syllabe ouverte (illustrée dans la paire **piqué** [pike] ≠ **piquait** [pikɛ]) n'est pas réalisée par tous les locuteurs. Ceci est dû en partie à des variations régionales. Ainsi, la majorité des locuteurs de la France méridionale utilise [pike] pour **piqué** et **piquait** tandis que par exemple, une majorité de locuteurs parisiens et, d'après une enquête de Houdebine (1979), 60% de locuteurs du Poitou maintiennent le contraste [e] ≠ [ɛ].

Certains facteurs socioprofessionnels entrent également en jeu dans la variabilité de l'emploi de [e] ou [ɛ]. L'enquête de Houdebine montre, en effet, que pour la même région (Poitou), environ 46% d'agriculteurs interviewés prononcent **piqué** et **piquait** de la même manière ([pike]) alors que 100% des instituteurs ayant pris part à l'enquête prononcent les deux mots différemment—[pike] ≠ [pikɛ]. Cependant, 67% des agriculteurs maintiennent le contraste FUTUR ≠ CONDITIONNEL dans **serai** [səʁe] ≠ **serais** [səʁɛ] alors qu'environ 81% des instituteurs le neutralisent: **serai** = **serais** = [səʁɛ].

L'emploi de [e] ou [ɛ] peut également varier dans la prononciation d'un seul et même locuteur. Ainsi, un des informants (parisiens) choisis par Martinet et Walter pour l'élaboration du *Dictionnaire de la prononciation française dans son usage réel* (1973) prononce le mot **marais** avec un [e]—[maʁe], **lait** avec un [ɛ]—[lɛ], **piquet** avec un [e]—[pike], et **valet** avec un [ɛ]—[valɛ].

7.5 Variabilité de [e] et [ɛ] en position inaccentuée ▼ ▼ ▼ ▼ ▼ ▼

La variabilité illustrée dans l'emploi de [e] et [ɛ] en syllabe ouverte accentuée est encore plus remarquable en syllabe ouverte inaccentuée car deux facteurs principaux entrent en jeu dans la distribution des voyelles: l'assimilation et l'analogie.

Assimilation

L'assimilation est un phénomène phonétique (qui n'est pas unique au français) dans lequel la prononciation d'un son est influencée par un autre. Ainsi dans **(je) préfère**, <é> tend à être prononcé [ɛ] et non pas [e]: [pʀefɛʀ]. Par contre, dans **préférer**, <é> est prononcé [e]: [pʀefere]. De même, <ê> tend à être prononcé [ɛ] dans **têtard** [tɛtaʀ] mais [e] dans **têtu** [tety]. Remarquez que dans les deux cas où <é> et <ê> sont prononcés [e], la syllabe accentuée contient une voyelle fermée— [y]—et une voyelle mi-fermée—[e]—alors que dans les deux cas où ils sont prononcés [ɛ], la syllabe accentuée contient une voyelle ouverte—[a]—et une voyelle mi-ouverte—[ɛ]. Il s'agit ici d'un phénomène d'assimilation (aussi appelé harmonie vocalique) où un son accentué, plus fort, ([ɛ] dans **préfère** et [a] dans **têtard**) influence la prononciation d'un son inaccentué, plus faible. Finalement, notez que la prononciation de <é> et <ê> en tant que [ɛ] dans **préfère** et **têtard** est tout à fait naturelle car elle minimise un effort d'articulation de la part du locuteur qui tend à ouvrir la syllabe inaccentuée par anticipation de l'articulation de la voyelle accentuée ouverte.

REMARQUE:

L'assimilation et la structure syllabique peuvent avoir une influence contraire sur la distribution des voyelles médiales. Ainsi [ɛ] est utilisé en syllabe ouverte inaccentuée dans **préfère** et **têtard**. De même, notez que dans **rester** [ʀeste] ou dans **esquisse** [eskis], par exemple, [ɛ] devient [e] (par anticipation de la voyelle accentuée fermée [e] ou [i]) dans la prononciation de beaucoup de locuteurs, bien que [ɛ] soit en syllabe fermée.

Analogie

L'analogie représente l'influence (grammaticale ou sémantique) d'un mot sur un autre qui en dérive ou qui y est apparenté. Ainsi, les mots **règlement** et **réglementaire** sont prononcés [ʀegləmã] et [ʀegləmãtɛʀ] bien que le [ɛ] soit en syllabe ouverte, par analogie avec **règle** [ʀegl]. De même, le mot **guerrier** se prononce [geʀje] par analogie avec **guerre** [gɛʀ].

Il est à remarquer que l'intuition du locuteur joue un rôle dans l'analogie, comme en témoigne la prononciation des mots **terreur** et **terreux** par les 17 informants qui ont participés à l'élaboration du *Dictionnaire de la prononciation française dans son usage réel* par André Martinet et Henriette Walter:

Prononciation de **terreur** et **terreux**

• Français standard: transcription

    terreur = [tɛʀœʀ]   **terreux** = [tɛʀø]

• Martinet et Walter: transcription

    terreur = [tɛʀœʀ]: 9 informants   **terreux** = [tɛʀø]: 10 informants

    terreur = [teʀœʀ]: 8 informants   **terreux** = [teʀø]: 7 informants

Les chiffres ci-dessus se prêtent aux remarques suivantes:

1. Les quatres prononciations pour les deux mots sont courantes.

2. Notez que les informants utilisent [ɛ] de préférence dans **terreux**, alors que [e] est utilisé de préférence dans **terreur**. Nous pouvons en conclure que les locuteurs font un rapprochement (c'est à dire une analogie) avec **terre** (*earth*, *dirt*) quand ils prononcent le mot **terreux** (*earthy*, *dirty*), tandis que ce rapprochement n'est pas établi (avec raison) dans **terreur** (*terror*).

3. L'analogie peut avoir un effet opposé à celui de l'assimilation (harmonie vocalique). La syllabe accentuée dans **terreur** contient une voyelle mi-ouverte ([œ]), mais un [e] est utilisé de préférence dans la prononciation de la syllabe inaccentuée. Dans **terreux**, la syllabe accentuée contient une voyelle mi-fermée ([ø]), mais les informants tendent à préférer l'utilisation d'une voyelle ouverte ([ɛ]) dans la syllabe inaccentuée.

PRONONCIATION ET TRANSCRIPTION

EXERCICE 6:

Répétez les phrases suivantes et transcrivez-les: emphase sur les voyelles [e] et [ɛ].

1. Ne la laisse pas jouer à côté de cette citerne.

   _____

2. Il a renversé le sel sur la table cirée.

   _____

3. N'ayez pas l'air aussi gêné.

   neje lɛʁ

   ʒene

   _____

4. Il répète toujours les mêmes bêtises.

   ɛ   le mɛmx bɛtiz

5. Vous détestez les raisins secs?

   vu detɛste le ʁezɛ̃ sɛk

6. As-tu fait réparer le fer à repasser?

   ɛ

   _____

7. J'ai mis les assiettes dans le lave-vaisselle.

   _____

8. Laissez-le nous expliquer la recette.

   _____

9. Quelle déception! Il a perdu son crayon.

   _____

10. Elle sait que sa réputation la précède.

   _____

7.6 La voyelle [Ø] ▼ ▼ ▼ ▼ ▼ ▼ ▼ ▼ ▼ ▼ ▼ ▼ ▼ ▼ ▼ ▼ ▼ ▼ ▼

Production

La voyelle [ø] est ANTÉRIEURE, ARRONDIE, MI-FERMÉE. Dans la production de la voyelle [ø], les lèvres sont arrondies. La pointe de la langue est derrière les dents inférieures et la partie antérieure de la langue s'élève vers le palais dur. Le son [ø] peut se former à partir de l'articulation d'un [e] en arrondissant les lèvres sans bouger la position de la langue.

REMARQUE:

Du point de vue de la graphie, [ø] partage la même orthographe avec [œ]: <eu> (graphie courante) et <œu> (graphie moins courante).

Distribution

Tableau 7.3: La distribution de [Ø]	
Syllabe accentuée ouverte **deux** [dø], **peut** [pø], **nœud** [nø], **œufs** [ø]	**Syllabe inaccentuée ouverte** **deuxième** [døzjɛm], **jeudi** [ʒødi]
Syllabe accentuée fermée Uniquement devant [z], [t], [tʀ]:* **chanteuse** [ʃɑ̃tøz], **émeute** [emøt], **neutre** [nøtʀ]	**Syllabe inaccentuée fermée** Uniquement devant [z]: **honteusement** [ɔ̃tøzmɑ̃]

* [ø] se trouve également en syllabe accentuée fermée dans les noms propres suivants: **Eudes** [ød], **Polyeucte** [pɔljøkt] et **Maubeuge** [mobøʒ] (nom de ville).

PRONONCIATION

🔊 EXERCICE 7:

Répétez les mots suivants: la voyelle [ø].

1. ceux
2. creux
3. deux
4. bleu
5. gueux
6. queue
7. jeu
8. meut

EXERCICE 8:

Répétez les phrases suivantes et transcrivez-les: emphase sur la voyelle [ø].

1. Monsieur Neveu est un peu vieux-jeu.

   _____

2. Il est gâteux et paresseux.

   _____

3. Il a peu de cheveux et les yeux bleus.

   _____

4. Il est nerveux et vaniteux.

   _____

5. Il veut habiter à Maubeuge.

   _____

7.7 La voyelle [œ] ▼ ▼ ▼ ▼ ▼ ▼ ▼ ▼ ▼ ▼ ▼ ▼ ▼ ▼ ▼ ▼ ▼

Production

La voyelle [œ] est ANTÉRIEURE, ARRONDIE, MI-OUVERTE. Dans la production de la voyelle [œ], les lèvres sont arrondies. La pointe de la langue est derrière les dents inférieures et la partie antérieure de la langue s'élève vers le palais dur, mais moins que pour la voyelle [ø]. Le son [œ] peut se former à partir de l'articulation d'un [ɛ] en arrondissant les lèvres sans bouger la position de la langue.

Distribution

Tableau 7.4: La distribution de [œ]*	
Syllabe accentuée ouverte	**Syllabe inaccentuée ouverte** *(voir section 7.9)*
Syllabe accentuée fermée Partout, *sauf devant* [z], [t] ou [tʀ]: **œuf** [œf], **veulent** [vœl], **neuve** [nœv], **jeune** [ʒœn]	**Syllabe inaccentuée fermée**** **meurtrier** [mœʀtʀije]

* La graphie <œ> représente le son [œ] dans le mot **œil** et les mots dérivés: **œillet** (*carnation*), par exemple. Devant une consonne, <œ> représente le son [ɛ]: **œsophage** [ɛzɔfaʒ]. Notez également que le mot **flirter** se prononce [flœʀte].

** Le son [ø] et non [œ] est utilisé devant [z] (voir tableau 7.3).

PRONONCIATION

EXERCICE 9:

Répétez les mots suivants: la voyelle [œ].

1. cœur
2. heure
3. seul
4. gueule
5. veuille
6. seuil
7. peuvent
8. pleuve

EXERCICE 10:

Répétez les mots suivants: contraste [ø] ≠ [œ].

1. peut   peur
2. nœud   neuve
3. veux   veulent
4. jeu   jeune
5. bœufs   bœuf
6. queue   cueille

PRONONCIATION ET TRANSCRIPTION

EXERCICE 11:

Répétez les phrases suivantes et transcrivez-les: emphase sur la voyelle [œ].

1. Mon coiffeur a peur des ascenseurs.

_____

2. L'odeur du beurre me donne mal au cœur.

_____

3. Qui vole un œuf vole un bœuf. (Proverbe)

_____

4. Quel malheur! J'ai écrasé vos jolies fleurs.

_____

5. Cet acteur et sa sœur sont plutôt conservateurs.

_____

7.8 Variabilité de [ø] et [œ] en position accentuée ▼ ▼ ▼ ▼ ▼ ▼

Il est intéressant de constater que la variabilité qui existe dans cette position dans le cas des voyelles [e] et [ɛ] ne s'applique pas aux voyelles [ø] et [œ]. Ainsi, les prononciations méridionales de mots tels que **neutre** ou **menteuse** en tant que *[nœtʀ] et *[mɑ̃tœz] ne sont pas considérées comme acceptables et les deux seuls cas où [ø] et [œ] s'opposent dans les paires minimales **jeûne** [ʒøn] ≠ **jeune** [ʒœn] et **veule** [vøl] ≠ **veulent** [vœl] sont respectés par les locuteurs parisiens et la majorité des locuteurs non méridionaux.

7.9 Variabilité de [ø] et [œ] en position inaccentuée ▼ ▼ ▼ ▼ ▼

Bien que la structure syllabique joue un rôle primordial en position inaccentuée, il existe un certain nombre de variations acceptables dans l'emploi de ces deux voyelles. Ces variations sont principalement dûes à l'analogie que certains locuteurs font entre un mot et un autre, et dans un beaucoup plus petit nombre de cas, à l'harmonie vocalique. Ainsi, **peureux** peut se prononcer [pœʀø] (par analogie avec **peur**) ou [pøʀø] (structure syllabique), **malheureux** peut être prononcé [malœʀø] (par analogie avec **malheur**) ou [maløʀø] (structure syllabique). De même, **Europe** peut se prononcer [œʀɔp] par anticipation de la voyelle mi-ouverte accentuée [ɔ] (harmonie vocalique) ou [øʀɔp] (structure syllabique).

⑨ EXERCICE 12:

Répétez les phrases suivantes et transcrivez-les: emphase sur les voyelles [ø] ≠ [œ].

1. Ce malheureux veut cueillir des pois de senteur.

   _____

2. Elle est généreuse et travailleuse. Il est trompeur et orgueilleux.

   _____

3. Les jeunes agriculteurs veulent faire une émeute.

   _____

4. Il creuse depuis vingt-deux heures.

   _____

5. Elle veut partir jeudi pour l'Europe.

   _____

6. Ma belle-sœur veut commander un ordinateur.

   _____

7. Votre aveu vous fait honneur.

   _____

8. Ils demeurent à Caen depuis seulement un mois.

   _____

9. Elle est très affectueuse mais paresseuse.

   _____

10. Donnez-moi trois tranches de bœuf cuit.

   _____

7.10 La voyelle [o] ▼ ▼ ▼ ▼ ▼ ▼ ▼ ▼ ▼ ▼ ▼ ▼ ▼ ▼ ▼ ▼ ▼ ▼ ▼

Production

La voyelle [o] est POSTÉRIEURE, ARRONDIE, MI-FERMÉE. Dans la production de la voyelle [o], les lèvres sont arrondies. La pointe de la langue est derrière les dents inférieures et le dos de la langue s'élève vers l'arrière du palais (le palais mou). La voyelle [o] est plus fermée, plus arrondie et plus postérieure que la voyelle équivalente en anglais dans *coat*.

REMARQUE:

Dans l'ensemble, la distribution des voyelles [o] et [ɔ] dépend de la structure syllabique aussi bien que de l'orthographe. Nous essaierons de dégager leur distribution en présentant des règles simples dans le but de minimiser la mémorisation qui s'avérera pourtant nécessaire dans certains cas.

Graphies et distribution en syllabe ouverte

Tableau 7.5: Les graphies et la distribution de [o] en syllabe ouverte

Syllabe accentuée ouverte	Syllabe inaccentuée ouverte
<eau>: **beau** [bo]	<eau>: **beauté** [bote]
<au>: **chaud** [ʃo]	<au>: **automne** [otɔn]**
<o>: **dos** [do], **os** (pl.) [o]*	<ô>: **côté** [kote]

* <o> se prononce également [o] en syllabe accentuée ou inaccentuée ouverte dans les mots apparentés à **gros** et à **dos**: **grossir** [ɡʀosiʀ], **dossier** [dosje], **adosser** [adose], etc.

** <au> se prononce [ɔ] devant [ʀ]: **restaurant** [ʀɛstɔʀɑ̃], **instaurer** [ɛ̃stɔʀe], **(il) aurait** [ilɔʀɛ].

Graphies et distribution en syllabe fermée

Tableau 7.6: Les graphies et la distribution de [o] en syllabe fermée

Syllabe accentuée fermée	Syllabe inaccentuée fermée
<au> + C:* **haute** [ot], **paume** [pom]	
<ô>: **nôtre** [notʀ], **Saône** [son]	<au> dans certains mots dérivés***
<o> + [z]: **ose** [oz], **chose** [ʃoz]	
<-ome> et <-one> dans les mots d'origine grecque:**	
chrome [kʀom], **idiome** [idjom], **vélodrome** [velodʀom], **ozone** [ozon], **cyclone** [siklon]	

* Le prénom masculin **Paul** se prononce [pɔl] et le prénom féminin **Paule** se prononce [pol].

** Les mots **hexagone**, **polygone**, etc., qui sont transcrits avec un [ɔ] dans la plupart des dictionnaires peuvent également se prononcer avec un [o], sauf **monotone** [mɔnɔtɔn].

*** <au> se prononce [o] en syllabe inaccentuée fermée dans certains mots comme **chaudement** [ʃodmɑ̃], **hautement** [otmɑ̃], **haussement** [osmɑ̃], etc., qui sont dérivés de **chaud**, **haut**, **hausser**.

<o> se prononce [o] dans le mot **grosse** [gʀos] (par analogie avec le masculin), dans le mot **fosse** [fos] et ses dérivés (**fossé** [fose], **fossoyeur** [foswajœʀ]) et devant [s] en position finale: **albatros** [albatʀos], **tétanos** [tetanos], etc. EXCEPTION: **rhinocéros** [ʀinoseʀɔs].

PRONONCIATION

🎧 EXERCICE 13:

Répétez les mots suivants: la voyelle [o].

1. peau	3. veau	5. baume	7. hausse
2. gros	4. dos	6. gauche	8. rose

PRONONCIATION ET TRANSCRIPTION

🎧 EXERCICE 14:

Répétez les phrases suivantes et transcrivez-les: emphase sur la voyelle [o].

1. Il est très beau mais plutôt sot.

   _____

2. Buvez trois verres d'eau et reposez-vous.

   _____

3. Guillaume a la voix rauque aujourd'hui.

   _____

4. Laisse-le seul sous le saule.

   _____

5. Il fait trop chaud sur cet hippodrome.

   _____

7.11 La voyelle [ɔ] ▼

Production

La voyelle [ɔ] est POSTÉRIEURE, ARRONDIE, MI-OUVERTE. Dans la production de la voyelle [ɔ], les lèvres sont arrondies, la pointe de la langue est derrière les dents inférieures. Le dos de la langue s'élève vers l'arrière du palais mais n'est pas aussi reculé que pour la voyelle [o]. La voyelle [ɔ] est moins ouverte et moins antérieure que la voyelle anglaise dans *fork*. Il est à signaler qu'un certain nombre d'apprenants auront peut-être quelques difficultés à différencier un [ɔ] d'un [œ] en syllabe fermée et qu'ils devront redoubler d'efforts (auditifs et articulatoires) afin de ne pas confondre les deux voyelles.

Tableau 7.7: Les graphies et la distribution de [ɔ]

Syllabe accentuée ouverte	Syllabe inaccentuée ouverte
	<o>: **bossu** [bɔsy], **coquet** [kɔkɛ], **posséder** [pɔsede]*
Syllabe accentuée fermée	**Syllabe inaccentuée fermée**
<o>: **bonne** [bɔn], **sol** [sɔl], **notre** [nɔtʀ]	<o>: **sortie** [sɔʀti], **solder** [sɔlde]
	<au>: **augmenter** [ɔgmɑ̃te], **auspices** [ɔspis]

* <o> se prononce [o] devant [sj]: **potion** [posjɔ̃], **notion** [nosjɔ̃]. Vérifiez également les cas où <o> en syllabe ouvert se prononce [o] (voir Tableau 7.5).

REMARQUE 1:
La prononciation de <o> devant [z] est assez problématique dans la mesure où <o> se prononce [ɔ] dans les mots **losange** [lɔzɑ̃ʒ], **myosotis** [mjɔzɔtis], **mosaïque** [mɔzaik], **philosophe** [filɔzɔf] (et ses dérivés) et se prononce [o] dans **groseille** [gʀozɛj], **rosée** [ʀoze], **posé** [poze], **osé** [oze], etc. en français standard. Cependant, puisque l'utilisation d'un [o] devant [z], et en général en syllabe inaccentuée ouverte, est acceptable et réalisée par un grand nombre de locuteurs non parisiens, nous conseillons à l'apprenant d'utiliser systématiquement un [o] pour tout <o> devant un [z].

REMARQUE 2:
Notez la prononciation des mots suivants: **zoo** [zo] mais **zoologique** [zoolɔʒik], **alcool** [alkɔl], **alcoolisé** [alkɔlize], etc.

PRONONCIATION

🕮 EXERCICE 15:

Répétez les mots suivants: la voyelle [ɔ].

1. molle	3. botte	5. nomme	7. grogne
2. roc	4. bonne	6. cloche	8. ode

🕮 EXERCICE 16:

Répétez les mots suivants: contraste [o] ≠ [ɔ].

1. sot	sort	3. beau	bol	5. saute	sotte	7. rauque	roc
2. mot	mord	4. haut	homme	6. paume	pomme	8. vôtre	votre

Répétez les mots suivants: contraste [œ] ≠ [ɔ].

1. beurre bord	3. l'heure l'or	5. veulent volent
2. peur port	4. sœur sort	6. fleur flore

PRONONCIATION ET TRANSCRIPTION

𝔖 EXERCICE 18:

Répétez les phrases suivantes et transcrivez-les: emphase sur la voyelle [ɔ].

1. Dites à la bonne que le téléphone sonne.

   _____

2. Elle a reçu une bonne note à son exposé.

   _____

3. Laure adore un peu trop l'alcool.

   _____

4. J'ai horreur des pommes de terre.

   _____

5. Pourquoi as-tu rempli le seau à ras-bord?

   _____

7.12 Variabilité de [o] et [ɔ] en position accentuée ▼ ▼ ▼ ▼ ▼ ▼

En syllabe accentuée, l'opposition phonémique /o/ ≠ /ɔ/ (par exemple **paume** [pom] ≠ **pomme** [pɔm], **rauque** [ʀok] ≠ **roc** [ʀɔk], etc.) est réalisée par la majorité des locuteurs non méridionaux et par la totalité des locuteurs parisiens. Ainsi, dans l'étude de Deyhime (1967), 96% des locuteurs non méridionaux (dont, parmi eux, 100% des locuteurs parisiens) observent le contraste **saute** ≠ **sotte** tandis que seulement 39% des locuteurs méridionaux observent le contraste [o] ≠ [ɔ] dans ces deux mots. Il est à noter que la prononciation méridionale qui neutralise de tels contrastes, n'est pas, pour des raisons sociolinguistiques, généralement acceptée comme modèle possible de la prononciation.

7.13 Variabilité de [o] et [ɔ] en position inaccentuée ▼ ▼ ▼ ▼ ▼

Il existe une assez grande variabilité dans l'emploi de ces deux voyelles en position inaccentuée. Cette variabilité est dûe, comme pour les autres voyelles médiales, à l'influence de l'analogie et de l'harmonie vocalique et aussi au fait que les normes de la prononciation du français standard s'opposent à la prononciation naturelle des locuteurs. Ainsi, l'emploi prescriptif d'un [ɔ] pour la graphie <o> dans une syllabe inaccentuée ouverte, par exemple **psychologie** [psikɔlɔʒi], est réalisé par une bonne majorité de locuteurs parisiens mais ne l'est pas dans la prononciation de l'ensemble des locuteurs non parisiens qui ferment le [ɔ] en [o] (une prononciation plus naturelle car la syllabe étant ouverte, une voyelle fermée est utilisée).

PRONONCIATION ET TRANSCRIPTION

EXERCICE 19:

Transcrivez les phrases suivantes et prononcez-les: emphase sur les voyelles [o] et [ɔ].

1. Je ne veux pas que tu sortes sans chapeau.

   _____

2. Comment osez-vous dire qu'elle est sotte?

   _____

3. Le professeur de biologie est adorable.

   _____

4. Ce n'est pas de ma faute si elle dort dehors.

   _____

5. L'albatros ne vole pas très haut.

   _____

6. Otez votre chapeau avant d'entrer dans son bureau.

   _____

7. Où as-tu mis mon maillot de corps?

   _____

8. Pose le couteau à côté du bol.

   _____

9. Notre lotion est meilleure que la vôtre.

   _____

10. Il n'y a pas d'atomes crochus entre eux.

   _____

7.14 Résumé de la distribution des voyelles médiales en position accentuée ▼ ▼ ▼ ▼ ▼ ▼ ▼ ▼ ▼ ▼ ▼ ▼ ▼ ▼ ▼ ▼ ▼

Tableau 7.8: La distribution de [e] et [ɛ] en syllabe accentuée

Syllabe accentuée ouverte: [e]	Syllabe accentuée fermée: [ɛ]
<é>: **fée** [fe]	<e> + C: **bec** [bɛk]
<er>: **chanter** [ʃɑ̃te]	<ê> + C: **bête** [bɛt]
<ez>: **voulez** [vule]	<ai> + C: **faire** [fɛʀ]
	<aî> + C: **maître** [mɛtʀ]
	<ei> + C: **treize** [tʀɛz]
CAS PARTICULIERS: [e] ~ [ɛ]*	
<è>: **après** [apʀe] ~ [apʀɛ]	
<ê>: **prêt** [pʀe] ~ [pʀɛ]	
<et>: **valet** [vale] ~ [valɛ]	
<ect>: **aspect** [aspe] ~ [aspɛ]	
<ai>: **lait** [le] ~ [lɛ]	

* L'alternance [e] ~ [ɛ] dans le tableau 7.8 indique les variations qui existent en syllabe accentuée ouverte.

Tableau 7.9: La distribution de [ø] et [œ] en syllabe accentuée

Syllabe accentuée ouverte: [ø]	Syllabe accentuée fermée: [œ]
<eu>: **jeu** [ʒø]	<eu> + C *autre que* [z], [t], [tʀ]:
<œu>: **bœufs** [bø]	**peuvent** [pœv]
	<œu> + C: **sœur** [sœʀ]
	CAS PARTICULIERS: [ø]
	<eu> + [t]: **émeute** [emøt]
	<eu> + [tʀ]: **feutre** [føtʀ]
	<eu> + [z]: **creuse** [kʀøz]

Tableau 7.10: La distribution de [o] et [ɔ] en syllabe accentuée

Syllabe accentuée ouverte: [o]	Syllabe accentuée fermée: [ɔ]
<au>: **saut** [so] <eau>: **peau** [po] <o>: **mot** [mo]	<o> + C *autre que* [z]: **bol** [bɔl]
	CAS PARTICULIERS: [o] <o> + [z]: **pose** [poz] <au> + C: **chaude** [ʃod] <ô> + C: **côte** [kot] <ome, one> (mots d'origine grecque): **atome** [atom], **zone** [zon]

7.15 Résumé de la distribution des voyelles médiales en position inaccentuée ▼ ▼ ▼ ▼ ▼ ▼ ▼ ▼ ▼ ▼ ▼ ▼ ▼ ▼ ▼ ▼ ▼

Tableau 7.11: La distribution de [e] et [ɛ] en syllabe inaccentuée

Syllabe inaccentuée ouverte: [e]*	Syllabe inaccentuée fermée: [ɛ]
<é>: **état** [eta] <e> + <CC>: **essence** [esɑ̃s] <ei>: **peiner** [pene] <ai>: **raisin** [ʀezɛ̃] <ay>: **crayon** [kʀejɔ̃]	<e> + C + C: **escale** [ɛskal]

* Les phénomènes de l'assimilation et de l'analogie ne sont pas indiqués dans le tableau 7.11.

Tableau 7.12: La distribution de [ø] et [œ] en syllabe inaccentuée

Syllabe inaccentuée ouverte: [ø]*	Syllabe inaccentuée fermée: [œ]
<eu>: **pneumonie** [pnømɔni]	<eu> + C (*autre que* [z]) + C: **seulement** [sœlmɑ̃]
	CAS PARTICULIER: [ø] <eu> + [z] + C: **creuser** [kʀøze]

* Les phénomènes de l'assimilation et de l'analogie ne sont pas indiqués dans le tableau 7.12.

Tableau 7.13: La distribution de [o] et [ɔ] en syllabe inaccentuée

Syllabe inaccentuée ouverte: [o]*	Syllabe inaccentuée fermée: [ɔ]
<au>: **aussi** [osi] <o> + [z]: **osée** [oze]	<o> + C + C: **portière** [pɔʀtjɛʀ] <au> + C + C: **austère** [ɔstɛʀ]
CAS PARTICULIER: [o] ~ [ɔ]** <o>: **possible** [posibl] ~ [pɔsibl]	

 * Les phénomènes de l'assimilation et de l'analogie ne sont pas indiqués dans le tableau 7.13.

** L'alternance [o] ~ [ɔ] dans le tableau 7.13 représente les variations qui existent en syllabe inaccentuée ouverte.

Révision 4

Les voyelles médiales

EXERCICE 1:

Répétez les phrases suivantes.

1. La ferveur du guerrier était plutôt extraordinaire.
2. Je voudrais trois tranches de bœuf et deux œufs.
3. Le bateau est sorti du port.
4. Il a cédé tous ses dés à Dédé en une année.
5. Ce pauvre gueux a l'air bien miséreux.
6. Ils veulent l'aveu du jeune voleur.
7. Mets la hotte en haut.
8. Votre amie est très indiscrète.
9. Paul affole ces pauvres chevaux.
10. Etes-vous envieuse de cet honneur?
11. Quelle merveille! Il m'a offert des fleurs.
12. Ce jeu est très fameux.
13. Ils aiment les pommes croquantes.
14. Je vous accorde qu'il est vraiment sot.
15. Il ne vous reproche pas cette faute.
16. Elle a acheté une belle robe jaune.
17. Toto dit trop de gros mots.
18. Mes desserts sont meilleurs que les vôtres.
19. Cette nouvelle auto ne vaut pas mon ancienne.
20. Ils adorent les sports dangereux.

Maintenant, prononcez les phrases de l'exercice 1 d'après le modèle donné dans la transcription.

1. La ferveur du guerrier était plutôt extraordinaire.
   [lafɛʀvœʀ dyge/ɛʀje↗e/ɛtɛplyto ɛkstʀaɔʀdinɛʀ↘]

2. Je voudrais trois tranches de bœuf et deux œufs.
   [ʒəvudʀɛ tʀwatʀɑ̃ʃdəbœf↗ edøzø↘]

3. Le bateau est sorti du port.   [ləbato↗ esɔʀti dypɔʀ↘]

4. Il a cédé tous ses dés à Dédé en une année.   [ilasede tusede adede↗ ɑ̃nynane↘]

5. Ce pauvre gueux a l'air bien miséreux.   [səpovʀəgø↗ alɛʀ bjɛ̃mizeʀø↘]

6. Ils veulent l'aveu du jeune voleur.   [ilvœllavø↗ dyʒœnvɔlœʀ↘]

7. Mets la hotte en haut.   [me/ɛlaɔtɑ̃o↘]

8. Votre amie est très indiscrète.   [vɔtʀami↗ etʀɛzɛ̃diskʀɛt↘]

9. Paul affole ces pauvres chevaux.   [pɔlafɔl↗ sepovʀəʃəvo↘]

10. Etes-vous envieuse de cet honneur?   [ɛtvuɑ̃vjøz↗ dəsɛtɔnœʀ↗]

11. Quelle merveille! Il m'a offert des fleurs.   [kɛlmɛʀvej↘ ilmaɔfɛʀ deflœʀ↘]

12. Ce jeu est très fameux.   [səʒø↗ etʀe/ɛfamø↘]

13. Ils aiment les pommes croquantes.   [ilzɛm lepɔm↗ kʀɔkɑ̃t↘]

14. Je vous accorde qu'il est vraiment sot.   [ʒ(ə)vuzakɔʀd↗ kilevʀe/ɛmɑ̃so↘]

15. Il ne vous reproche pas cette faute.   [ilnəvuʀ(ə)pʀɔʃpa sɛtfot↘]

16. Elle a acheté une belle robe jaune.   [ɛlaaʃte↗ ynbɛlʀɔbʒon↘]

17. Toto dit trop de gros mots.   [toto↗ ditʀod(ə)gʀomo↘]

18. Mes desserts sont meilleurs que les vôtres.   [medesɛʀ↗ sɔ̃me/ɛjœʀ kəlevotʀ↘]

19. Cette nouvelle auto ne vaut pas mon ancienne.
    [sɛtnuvɛloto↗ n(ə)vopa mɔ̃nɑ̃sjɛn↘]

20. Ils adorent les sports dangereux.   [ilzadɔʀ↗ lespɔʀdɑ̃ʒʀø↘]

EXERCICE 3:

Dictée phonétique: transcrivez les phrases que vous entendez.

1. _____

2. _____

3. _____

4. _____

5. _____

EXERCICE 4:

Transcrivez les phrases suivantes et commentez la distribution des voyelles médiales.

1. Je déplore votre truelle archaïque.

   _____

   Vos commentaires:

   _____

   _____

2. Hier, elle avait une vague douleur au côté gauche mais aujourd'hui, elle ressent une douleur aiguë.

   _____

   Vos commentaires:

   _____

   _____

3. Claire va dire à Louis qu'elle s'ennuie sans leur petite famille.

   _____

   Vos commentaires:

   _____

   _____

4. Je me souviens de la terreur d'Adam quand il a vu le taon dans la théière.

_____

Vos commentaires:

_____

_____

5. La vilaine menteuse adore manger de la moelle sous le saule-pleureur.

_____

Vos commentaires:

_____

_____

6. Cela te dérangerait d'aller acheter deux grosses côtes de porc à la boucherie?

_____

Vos commentaires:

_____

_____

7. Cette petite idiote n'arrête pas de me couper la parole.

_____

Vos commentaires:

_____

_____

8. Cela m'étonne que vous n'aimiez pas ce brave homme.

_____

Vos commentaires:

_____

_____

EXERCICE 4: *(suite)*

Transcrivez les phrases suivantes et commentez la distribution des voyelles médiales.

9. Le jeune pilote veut faire de la boxe.

     _____

     Vos commentaires:

     _____

     _____

10. Elle va aller boire un café avec mon frère.

     _____

     Vos commentaires:

     _____

     _____

Révision 4

Corrigé

EXERCICE 3: Réponses

1. "Le poinçonneur des Lilas a oublié sa poinçonneuse."*

   [ləpwɛ̃sɔnœʀ delila↗ aublije sapwɛ̃sɔnøz↘]

2. Elle déteste laisser ses cahiers au grenier.

   [ɛldetɛst↗ lesesekajɛ ogʀənje↘]

3. Joseph s'est fait une grosse bosse en tombant dans la fosse.

   [ʒozɛf↗ sefɛ yngʀosbɔs↗ ɑ̃tɔ̃bɑ̃ dɑ̃lafos↘]

4. Il ne veut pas me prêter son beau stylo feutre.

   [ilnəvøpa m(ə)pʀete↗ sɔ̃bostiloføtʀ↘]

5. Nicole fait vraiment trop de fautes en espagnol.

   [nikɔl↗ fɛvʀɛmɑ̃ tʀod(ə)fot↗ ɑ̃nɛspaɲɔl↘]

EXERCICE 4: Réponses

1. Je déplore votre truelle archaïque.

   [ʒədeplɔʀ↗ vɔtʀətʀyɛl aʀkaik↘]

   déplore: Le [e] se trouve en syllabe ouverte et suit la structure syllabique. Le [ɔ] se trouve en syllabe fermée et suit la structure syllabique.

   votre: La prononciation suit la structure syllabique du mot. Cependant, dans la prononciation de tout l'énoncé, [ɔ] se trouve en syllabe ouverte.

   truelle: [ɛ] uniquement parce que la syllabe est fermée: [tʀy $ɛl]. Notez cependant que dans la prononciation de tout l'énoncé, le [l] de **truelle** s'enchaîne avec le mot suivant.

---

* (Malécot: 1977)

2. Hier, elle avait une vague douleur au côté gauche mais aujourd'hui, elle ressent une douleur aiguë.

   [(i)jɛʁ↗ ɛlavɛ ynvagdulœʁ okotegoʃ↗ meoʒuʁdɥi↗ ɛlʁəsɑ̃ yndulœʁegy↘]

   hier, elle: Seul [ɛ] est possible (syllabes fermées), mais il y a un enchaînement dans les deux cas avec le mot suivant.

   avait, mais: [ɛ] ou [e] sont possibles (français standard parisien ou structure syllabique).

   douleur: Seul [œ] est possible (la syllabe est fermée dans le mot, mais il y a un enchaînement avec le mot suivant).

   au: [o] (graphie <au>), et aussi syllabe ouverte.

   côté: [o] (graphie <ô>) et analogie avec **côte.**

   gauche: [o] (graphie <au>) = exception à la structure syllabique.

   aujourd'hui: [o] (graphie <au>).

3. Claire va dire à Louis qu'elle s'ennuie sans leur petite famille.

   [klɛʁ↗ vadiʁalwi↗ kɛlsɑ̃nɥi↗ sɑ̃lœʁpətitfamij↘]

   Claire [klɛʁ] et **qu'elle:** [ɛ] uniquement puisque la syllabe est fermée. [œ] dans **leur** parce que la syllabe est fermée.

4. Je me souviens de la terreur d'Adam quand il a vu le taon dans la théière.

   [ʒəm(ə)suvjɛ̃↗ d(ə)late/ɛʁœʁdadɑ̃↗ kɑ̃tilavyl(ə)tɑ̃↗ dɑ̃late/ɛjɛʁ↘]

   terreur [teʁœʁ] ou [tɛʁœʁ]: [e] suit la structure syllabique; [ɛ] peut être utilisé à cause de l'assimilation par anticipation du [œ]. [œ] se trouve en syllabe fermée et suit la structure syllabique.

   théière [tejɛʁ] ou [tɛjɛʁ]: Dans la première syllabe, [e] suit la structure syllabique, [ɛ] est possible (assimilation). Dans la deuxième syllabe, l'emploi de la voyelle [ɛ] suit la structure syllabique.

5. La vilaine menteuse adore manger de la moelle sous le saule-pleureur.

   [lavilɛnmɑ̃tøz↗ adɔʁmɑ̃ʒe d(ə)lamwal↗ sul(ə)solplø/œʁœʁ↘]

   vilaine [vilɛn]: [ɛ] suit la structure syllabique (la syllabe est fermée).

   menteuse: Devant [z], seul [ø] est possible.

   adore [adɔʁ]: [ɔ] est utilisé parce que la syllabe est fermée.

   manger: [e] = syllabe ouverte.

   saule [sol]: à cause de la graphie <au> et par contraste phonémique avec **sol**.

   pleureur [pløʁœʁ] ou [plœʁœʁ]: [ø] parce que la syllabe est ouverte, [œ] par anticipation du [œ] accentué (assimilation) ou par analogie avec **pleure**; [œ] dans la dernière syllabe suit la structure syllabique.

6. Cela te dérangerait d'aller acheter deux grosses côtes de porc à la boucherie?

   [s(ə)lat(ə)deʁɑ̃ʒ(ə)ʁɛ↗ daleaʃte døgʁoskotdəpɔʁ↗ alabuʃʁi↗]

   dérangerait [deʁɑ̃ʒ(ə)ʁɛ]: [e] suit la structure syllabique; [ɛ] ne suit pas la structure syllabique mais il s'agit du conditionnel.

   aller acheter [aleaʃte]: Les deux [e] sont en syllabe ouverte.

   deux: [dø] = syllabe ouverte.

   grosses: [o] ne suit pas la structure syllabique, mais analogie avec **gros** et exception à la règle.

   côtes [kot]: La syllabe est fermée, mais il s'agit ici de la graphie <ô> qui est prononcée [o] en français standard.

   porc [pɔʁ]: [ɔ] suit la structure syllabique (syllabe fermée).

7. Cette petite idiote n'arrête pas de me couper la parole.

   [sɛtpətitidjɔt↗ naʁɛtpa dəm(ə)kupe lapaʁɔl↘]

   cette: Le [ɛ] suit la structure syllabique (syllabe fermée).

   idiote: Le [ɔ] suit la structure syllabique (syllabe fermée).

   arrête: Le [ɛ] suit la structure syllabique (syllabe fermée).

   parole: Le [ɔ] suit la structure syllabique (syllabe fermée).

8. Cela m'étonne que vous n'aimiez pas ce brave homme.

[s(ə)lametɔn↗ kəvunemjepa s(ə)bʀavɔm↘]

étonne: Le [e] se trouve en syllabe ouverte et suit donc la structure syllabique. Le [ɔ] suit également la structure syllabique puisqu'il se trouve en syllabe fermée.

aimiez: Le premier [e] suit la structure syllabique et s'harmonise également avec le deuxième [e] accentué. [ɛ], standard parisien, est possible. Le deuxième [e] se trouve en syllabe ouverte et suit donc la structure syllabique.

homme: Le [ɔ] suit la structure syllabique (syllabe fermée).

9. Le jeune pilote veut faire de la boxe.

[l(ə)ʒœnpilɔt↗ vøfɛʀ dəlabɔks↘]

jeune: Le [œ] se trouve en syllabe fermée et suit la structure syllabique. Le [ɔ] dans **pilote** et **boxe** suit la structure syllabique.

veut: Le [ø] suit la structure syllabique.

faire: Le [ɛ] suit la structure syllabique.

10. Elle va aller boire un café avec mon frère.

[ɛlvaale bwaʀɛ̃kafe↗ avɛkmɔ̃fʀɛʀ↘]

elle, avec, frère: Le [ɛ] se trouve en syllabe fermée et suit la structure syllabique.

aller, café: Le [e] se trouve en syllabe ouverte et suit la structure syllabique.

CHAPITRE 8

Le <e> «muet»

8.1 Remarques préliminaires ▼ ▼ ▼ ▼ ▼ ▼ ▼ ▼ ▼ ▼ ▼ ▼ ▼ ▼ ▼ ▼

Le <e> «muet», aussi appelé «schwa», <e> «caduc» ou <e> «instable», est une voyelle qui peut être ou ne pas être prononcée en français selon certaines règles qui sont fixes ou variables. Cependant, avant de discuter ces règles, il est essentiel de différencier le <e> «muet», orthographié <e>, d'autres voyelles dont la graphie est également <e> mais qui correspondent aux sons [e] ou [ɛ]. Pour <e> représentant une voyelle nasale devant <n> ou <m>, se reporter au chapitre 5. Pour les graphies <eau>, <eu>, <euil>, <ei>, se reporter au chapitre 7.

8.2 La graphie <e> ▼ ▼ ▼ ▼ ▼ ▼ ▼ ▼ ▼ ▼ ▼ ▼ ▼ ▼ ▼ ▼ ▼ ▼

La prononciation de <e> sans marques diacritiques, c'est-à-dire sans accent aigu, grave ou circonflexe, dépend principalement de la nature de la syllabe où <e> se trouve. Du point de vue de la prononciation, si la syllabe est fermée (elle se termine par un son consonantique), <e> se prononce [ɛ]: **sec** [sɛk]. Si la syllabe est ouverte (elle se termine par un son vocalique), <e> se prononce [ə]: **je** [ʒə]. Cependant, à cela s'ajoute la complexité de la graphie. Si la syllabe est ouverte du point de vue de la prononciation mais elle se termine par une consonne du point de vue de la graphie, <e> se prononce [e]: **mes** [me].

Nous proposons les repères suivants qui tiennent compte à la fois de la prononciation et de la graphie dans le but d'aider les apprenants à savoir comment prédire la prononciation d'un <e> dans la majorité des cas.

Position finale: <e> = [e] ou [ɛ]

1. <e> fait partie des mots **mes, tes, ses, les, des, ces**: [me], [te], [se], [le], [de], [se].

2. <e> est suivi d'une consonne finale qui ne représente pas la marque du pluriel (<s>):

mer [mɛʀ]	sel [sɛl]	nez [ne]
bec [bɛk]	chez [ʃe]	jouet [ʒwe/ɛ]

3. <e> est suivi de deux consonnes (prononcées ou non):

> sept [sɛt]
> correct [kɔʀɛkt]
> aspect [aspe/ɛ]

Position initiale ou médiale: <e> = [ɛ] ou [e]

1. <e> est suivi d'une consonne double:*

> essence [esãs]
> dessin [desẽ]
> belle [bɛl]
> terre [tɛʀ]

2. <e> est suivi de deux consonnes dont la deuxième n'est ni un [ʀ], ni un [l]:**

> descendre [desãdʀ]
> terminus [tɛʀminys]

3. <e> est suivi d'une consonne qui représente deux sons (<x>):

> vexe [vɛks]
> exact [ɛgzakt]

Graphie <e> = <e> «muet» ([ə])

1. <e> est suivi d'une seule consonne non finale ou est suivi du graphème <ch>:

> demain [dəmẽ]
> selon [səlõ]
> prenez [pʀəne]
> rechargé [ʀəʃaʀʒe]
> dehors [dəɔʀ]

2. <e> est suivi d'un groupe consonne + [ʀ] ou [l]:***

> degré [dəgʀe]
> reflet [ʀəfle/ɛ]

3. <e> fait partie des monosyllabes **je, me, te, se, ne, que, ce, le, de:** [ʒə], [mə], [tə], [sə], [kə], [sə], [lə], [də].

---

* <e> dans la graphie <ress-> représente un <e> «muet»: **ressentir** [ʀəsãtiʀ], **ressembler** [ʀəsãble], **ressemeler** [ʀəsəmle], etc. sauf dans les mots **ressuciter** [ʀesysite], **ressuyer** [ʀesɥije] et **ressayer** [ʀeseje].
<e> est prononcé [ə] dans les mots **dessus** [dəsy], **pardessus** [paʀdəsy] et **dessous** [dəsu].

** <e> dans **restructurer** et **restructuration** se prononce [ə]: [ʀəstʀyktyʀe], [ʀəstʀyktyʀasjõ].

*** Si la première consonne du groupe est un <r>, <e> se prononce [ɛ]: **merle** [mɛʀl], **perle** [pɛʀl], etc.

4. <e> est la voyelle finale d'un mot ou est suivi d'un <s> qui représente la marque du pluriel:****

> blanche [blɑ̃ʃ]
> porte [pɔʀt]
> sotte [sɔt]
> craie [kʀɛ]
> fraises [fʀɛz]

8.3 Réalisation phonétique du <e> «muet» ▼ ▼ ▼ ▼ ▼ ▼ ▼ ▼

Quand <e> «muet» est prononcé, son articulation varie selon les locuteurs et selon leur région géographique. <e> «muet» peut être prononcé comme la voyelle [œ], la voyelle [ø], ou comme une voyelle intermédiaire entre [œ] et [ø]: [ə] (une voyelle un peu plus centrale que [œ] et [ø]). La plupart des locuteurs non méridionaux, et ceux de la région parisienne en particulier, prononcent <e> «muet» comme [œ] ou [ø] tandis que, par exemple, les locuteurs de la Champagne tendent à utiliser la voyelle [ə] (Walter, 1982). Un seul locuteur pourra même réaliser <e> «muet» de trois façons différentes comme l'indiquent les prononciations suivantes chez un locuteur parisien (Walter, 1977):

> bois-le [bwalø]
> selon [sœlɔ̃]
> je [ʒə]

En ce qui concerne un modèle de prononciation, nous conseillons tout simplement à l'apprenant de choisir une des trois voyelles avec lesquelles le <e> «muet» est réalisé et d'articuler pleinement cette voyelle à chaque fois qu'elle est nécessaire dans la chaîne parlée. En effet, les complexités liées au <e> «muet» ne sont pas de savoir comment l'articuler, mais quand le prononcer. Finalement, pour une transcription phonétique du <e> «muet», nous utiliserons le symbole [ə], une convention généralement acceptée par les linguistes. Ce symbole représentera donc un <e> «muet» et non pas nécessairement la façon dont ce <e> est articulé.

PRONONCIATION ET TRANSCRIPTION

☞ EXERCICE 1:

Répétez les phrases suivantes et transcrivez-les: emphase sur la graphie <e> sans marques diacritiques.

1. Est-ce que ton livre a un lexique?

_____

**** Notez que <e> n'est normalement pas prononcé en position finale en français non méridional.

2. Il a fait nettoyer son pardessus.

_____

3. Respirez profondément et dites trente-trois.

_____

4. Elle a beaucoup ressenti votre pessimisme.

_____

5. Prenez cette passerelle pour aller à la pêche.

_____

8.4 La chute ou le maintien du <e> «muet» ▼ ▼ ▼ ▼ ▼ ▼ ▼ ▼ ▼

Comme nous venons de le mentionner, l'étude du <e> «muet» est assez complexe et nous proposons donc de discuter ce phénomène en commençant par des remarques générales sur les tendances qui régissent son emploi avant de poursuivre une discussion détaillée du sujet.

Tendances générales: La chute du <e> «muet»

1. A l'intérieur d'un mot, <e> «muet» tend à tomber après une seule consonne prononcée:

    samedi [samdi]   tellement [tɛlmã]   acheter [aʃte]

2. <e> «muet» tend à tomber en position finale d'un mot:

    ferme [fɛʀm]   quatre [katʀ]   amie [ami]   tranquille [tʀãkil]

Tendances générales: Le maintien du <e> «muet»

1. A l'intérieur d'un mot, <e> «muet» tend à rester après deux consonnes prononcées et devant une troisième:

    vendredi [vãdʀədi]   fermement [fɛʀməmã]   parmesan [paʀməzã]

2. Même s'il se trouve après une seule consonne, <e> «muet» est prononcé:

    a. devant un <h> dit «aspiré» (pour une liste des mots courants contenant un <h> «aspiré», voir le chapitre 10):

        le héros [ləeʀo]   le haricot [ləaʀiko]   dehors [dəɔʀ], etc.

    b. dans le cas d'une opposition phonémique:

        la belette [labəlɛt] (weasel) ≠ l'ablette [lablɛt] (a type of fish)
        le belon [ləbəlõ] (a type of seafood) ≠ le blond [ləblõ]

    c. dans les mots **le, ce, que** accentués:

        donne-le [dɔnlə]   sur ce [syʀsə]   parce que! [paʀskə]

    d. devant [ʀj] et [lj]:

        aimerions [ɛməʀjõ]   atelier [atəlje]

PRONONCIATION ET TRANSCRIPTION

EXERCICE 2: oral ex.

Répétez les phrases suivantes et transcrivez-les: emphase sur la chute du <e> «muet».

1. Elle est tellement belle avec ses jolis cheveux!

   _____

2. Franchement, toute vérité n'est pas bonne à dire.

   _____

3. Il aurait mieux fait d'acheter une voiture moins chère.

   _____

4. Tu as appris l'allemand en trois semaines?

   _____

5. Mon petit neveu adore les petits fours.

   _____

EXERCICE 3: oral ex.

Répétez les phrases suivantes et transcrivez-les: emphase sur le maintien du <e> muet.

1. Mais si! C'est pour toi. Prends-le.

   _____

2. Elle élève ses enfants avec fermeté.

   _____

3. Il ira la voir mercredi prochain.

   _____

4. Nous aimerions louer un appartement à Nice.

   _____

5. Non, le cardinal Richelieu n'était pas un explorateur italien.

   _____

8.5 Les effets de la chute du <e> «muet» ▼ ▼ ▼ ▼ ▼ ▼ ▼ ▼ ▼ ▼

Dévoisement

La chute du <e> «muet» entraîne le dévoisement d'une consonne sonore (les cordes vocales vibrent pendant la production de la consonne) qui se trouve alors au contact d'une consonne sourde (les cordes vocales ne vibrent pas). Dans **je te parle**, où le [ə] de **je** n'est pas prononcé: [ʒtəparl], le son [ʒ] (sonore) est dévoisé devant le [t] (une consonne sourde). De même dans **je sais pas** le [ʒ] est dévoisé au contact du [s] après la chute de [ə]: [ʒsɛpa]. Notez que le symbole [̥] sous le [ʒ] indique le dévoisement.

Chute de [ʀ] ou [e]

La chute du <e> «muet» peut entraîner la chute d'une autre consonne. Ainsi **quatre garçons** peut être prononcé [katrəgarsɔ̃] avec un <e> «muet» ou [katgarsɔ̃] si le <e> «muet» n'est pas prononcé. Notez que dans ce cas, le [ʀ] tombe car le groupe consonantique *[tʀg] ne fait pas partie de la phonologie du français. De même dans **table basse** ([tabləbas]) par exemple, certains locuteurs ne prononcent pas le <e> «muet» et omettent le [l]: [tabbas] (le groupe *[blb] est impossible en français). Il est à remarquer cependant que si l'omission du [ʀ] est acceptable en français standardisé, celle du [l] fait partie du français familier et cette omission du [l] est donc déconseillée à l'apprenant comme modèle de prononciation.

8.6 Variabilité du <e> «muet»: Le rôle du groupe rythmique ▼ ▼ ▼ ▼ ▼ ▼ ▼ ▼ ▼ ▼ ▼ ▼ ▼ ▼ ▼ ▼ ▼ ▼

Position initiale après une consonne forte

<e> «muet» tend à rester à l'initiale d'un groupe rythmique après une consonne forte ([p, t, k, b, d, g]). Cependant, <e> «muet» peut tomber s'il se trouve dans le même environnement mais à l'intérieur d'un groupe rythmique.

Comparez les exemples suivants:

Position initiale	Position médiale
debout [dəbu]	il est d(e)bout [ilɛdbu]
tenez-le [tənelə]	vous y t(e)nez? [vuzitne]

Position initiale et géminée

<e> «muet» tend à rester à l'initiale d'un énoncé pour éviter la formation d'une géminée (une consonne double). Cependant, <e> «muet» peut tomber dans le même environnement à l'intérieur de l'énoncé.

Comparez les exemples suivants:

je joue [ʒəʒu]	(<e> est au début de l'énoncé)
mais **je joue** [meʒʒu]	(<e> est à l'intérieur de l'énoncé)
le lait n'est plus bon [ləlɛneplybɔ̃]	(<e> est au début de l'énoncé)
j'ai mis **le lait** au frais [ʒemillɛofʀɛ]	(<e> est l'intérieur de l'énoncé)

Position finale après deux consonnes

Bien qu'il soit en position finale de mot, <e> «muet» tend à rester à l'intérieur d'un groupe rythmique s'il est précédé de deux consonnes et suivi d'un mot qui commence par une consonne.

Comparez les exemples suivants:

(1) il est triste [iletʀist↘]
(2) il est triste, Charles [iletʀist↗ ʃaʀl↘]
(3) quelle triste journée! [kɛltʀistəʒuʀne↘]

Dans l'exemple 1, <e> n'est pas prononcé en fin de groupe rythmique. Dans l'exemple 2, <e> est à la fin du premier groupe rythmique, il n'est donc pas prononcé bien qu'il se trouve après deux consonnes et avant une troisième. Dans l'exemple 3, <e> est prononcé parce qu'il est à l'intérieur d'un groupe rythmique après deux consonnes et devant une troisième.

REMARQUE:

Dans les noms composés et dans le cas d'un nom suivi d'un adjectif, le <e> tend à rester si le mot qui le suit a plus d'une syllabe.

Comparez les exemples 1, 3 et 5 où [ə] reste (le deuxième mot n'a qu'une syllabe) et les exemples 2, 4 et 6 où [ə] tombe (le deuxième mot a plus d'une syllabe):

(1) un porte-clés [ɛ̃pɔʀtəkle]
(2) un porte-manteau [ɛ̃pɔʀtmɑ̃to]
(3) un porte-plume [ɛ̃pɔʀtəplym]
(4) un porte-cigarettes [ɛ̃pɔʀtsigaʀɛt]
(5) une carte bleue [ynkaʀtəblø]
(6) une carte mensuelle [ynkaʀtmɑ̃sɥɛl]

PRONONCIATION ET TRANSCRIPTION

EXERCICE 4:

Répétez les phrases suivantes et transcrivez-les: emphase sur le rôle du groupe rythmique.

1. Venez me voir quand vous le voulez.

   _____

2. As-tu acheté ce portefeuille en cuir que tu aimais tant?

   _____

3. La directrice de ma fille sait que vous viendrez.

   _____

4. J'ai mis ton porte-document dans le tiroir de gauche.

_____

5. Le garde-barrière et le garde-côte feront bien le travail.

_____

8.7 Variabilité du <e> «muet»: Les <e> «muets» successifs

A l'intérieur d'un mot ou d'un groupe rythmique, la tendance générale est de garder le premier <e> et de ne pas prononcer le deuxième. Cependant, si le deuxième <e> est précédé d'une consonne forte (voir chapitre 9), le deuxième <e> reste et le premier n'est pas prononcé.

Comparez les exemples suivants:

je me dis [ʒəmdi]
je le sais [ʒəlsɛ]
devenir [dəvniʀ]

je te dis [ʒ̊tədi]   ([t] est plus fort que [ʒ])
est-ce que [ɛskə]   ([k] est plus fort que [s])
ressemeler [ʀsəmle]   ([s] est plus fort que [ʀ])

REMARQUE 1:

Dans une phrase telle que **je le demande** où le deuxième <e> tend à tomber ([ʒəldəmãd]), le troisième <e> doit rester pour éviter la rencontre des trois consonnes qui résulteraient de sa chute (*[ʒəldmãd]). Dans **je te demande** où le premier <e> tombe, le troisième <e> peut tomber également car il n'est précédé que d'une seule consonne: [ʒ̊tədmãd].

REMARQUE 2:

Dans le cas de deux <e> successifs, le <e> de **ne** tend à rester quand il se trouve en position initiale de groupe rythmique, même si le deuxième <e> est précédé d'une consonne forte: **ne te dispute pas!** [nət(ə)dispytpaↃ]

EXERCICE 5:

Répétez les phrases suivantes et transcrivez-les: emphase sur les <e> «muets» successifs.

1. Non! Je ne veux pas que tu sortes.

   _____

2. Il est revenu sans l'avoir vue.

   _____

3. Je te le donnerai quand je le pourrai.

   _____

4. Ne te mets pas devant, tu vas te faire voir.

   _____

5. Prends-le, je te dis!

   _____

8.8 Variabilité du <e> «muet»: Facteurs non phonétiques

Comme nous l'avons mentionné précédemment, la chute ou le maintien de <e> «muet» dépend du nombre de consonnes qui le précèdent, de la nature des consonnes, de sa position dans le mot et par rapport au groupe rythmique. A cela s'ajoutent d'autres facteurs dont nous ne mentionnerons que les principaux dans le cadre de notre discussion:

Variations individuelles

Nous avons déja signalé que la prononciation de <e> «muet» varie dans la phonologie d'un seul et même locuteur (voir section 8.3). Il faut également remarquer que le locuteur n'omet pas forcément le même <e> «muet» pour le même mot employé deux fois de suite. Ainsi, *devenir* est prononcé [dəvniʀ] (le deuxième <e> tombe) puis [dvəniʀ] (le premier <e> tombe) dans deux phrases successives utilisées par un seul locuteur (Duménil, 1990).

Variations géographiques

Les locuteurs parisiens et non méridionaux en général omettent plus de <e> «muets» que les locuteurs méridionaux qui tendent à ne pas omettre de <e> dans **je me demande** [ʒəmədəmɑ̃d], par exemple, ou à prononcer le <e> final, ainsi que le <e> en position médiale dans des mots tels que **petite** [pətitə].

Variations stylistiques

La fréquence d'emploi de <e> «muet» dépend du débit de la conversation ou du style du discours en général. Ainsi, plus la conversation est familière, plus les <e> «muets» sont omis. De même, plus le style est élevé (discours politiques, conférences, etc.), plus la fréquence d'emploi de <e> «muet» augmente.

Variations sociolectales

Depuis environ dix ans, certains linguistes ont remarqué un emploi croissant du <e> «muet» en position finale (**arrête** est prononcé [aʀɛtə], par exemple) dans le parler des femmes en particulier (Léon, 1992) et surtout dans le parler des jeunes parisiens de milieux favorisés (Fónagy, 1989).

8.9 Résumé des tendances principales de la chute et du maintien du <e> «muet» ▼ ▼ ▼ ▼ ▼ ▼ ▼ ▼ ▼ ▼ ▼ ▼ ▼ ▼ ▼ ▼

Tableau 8.1: La chute ou le maintien du <e> «muet»	
Chute du <e> «muet»	**Maintien du <e> «muet»**
DANS UN MOT	DANS UN MOT
Position médiale:	*Position médiale:*

• tombe après une consonne (sauf s'il est suivi de [ʀj] ou [lj]):
 	
    samedi [samdi]
	• reste après deux consonnes et devant une troisième:
	
	    vendredi [vɑ̃dʀədi]

Position finale:	• reste devant [ʀj] ou [lj]:
	
	    aimeriez [eməʀje]
	
	    atelier [atəlje]

• tombe:
 	
    pile [pil]
 	
    porte [pɔʀt]
	• reste devant un <h> «aspiré»:
	
	    dehors [dəɔʀ]

Chute du <e> «muet»	Maintien du <e> «muet»
DANS UN GROUPE RYTHMIQUE	DANS UN GROUPE RYTHMIQUE

Chute du <e> «muet»

DANS UN GROUPE RYTHMIQUE

- tombe dans un mot composé dont le deuxième a plus d'une syllabe:

  garde-malade [gaʀdmalad]

Maintien du <e> «muet»

DANS UN GROUPE RYTHMIQUE

- reste dans un mot composé dont le deuxième a une seule syllabe:

  garde-fou [gaʀdəfu]

- reste en position finale de mot après deux consonnes quand le mot suivant commence aussi par une consonne:

  une table basse [yntabləbɑs]

- reste devant un <h> «aspiré»:

  le halo   [ləalo]

- reste dans **le, ce, que** accentués:

  dis-le   [dilə]

  sur ce   [syʀsə]

  parce que [paʀskə]

- reste dans le cas d'une opposition phonémique:

  la belette [labəlɛt] ≠
  l'ablette   [lablɛt]

RAPPEL:

Dans le cas de deux <e> «muets» successifs, le premier reste et le deuxième tombe sauf si le deuxième est précédé d'une consonne forte: **je le vois** [ʒəlvwa] ≠ **je te vois** [ʒtəvwa].

Révision 5

Le <e> «muet»

🜂 EXERCICE 1:

Répétez les phrases suivantes.

1. Ce que je te demande, c'est de ne pas te fâcher.
2. Il n'aurait pas dû acheter une seringue aussi grosse.
3. Le porte-parole est devenu malade quand il a dû ressemeler ses chaussures.
4. Je ne te dis pas ce que tu dois faire, alors ne me dis rien non plus.
5. Est-ce que vous aimeriez devenir médecin?
6. Vous ne pensez pas qu'il aurait pu me le dire?
7. Le bûcheron ne me reconnaît pas et le forgeron ne veut plus me parler.
8. Le garde-malade s'occupe déjà de quatre-vingt lits.
9. Cette viande est d'une tendreté remarquable.
10. Je me doute que cela vient de toi.
11. Ne renverse rien, ce serait dangereux.
12. Ne le prenez pas avant de le peser.
13. Pourquoi me dis-tu qu'il ne t'aime pas?
14. Ce savant ne devrait pas se coucher si tard.
15. Je ne suis pas surprise qu'il se coupe en se rasant.
16. Il est bien sûr que vous me manquerez.
17. Nous le prendrons vendredi soir.
18. Mon petit voisin veut voir le match de football.
19. Il a le hoquet une fois par semaine.
20. Lui parleriez-vous si vous le pouviez?

EXERCICE 2:

Maintenant, prononcez les phrases de l'exercice 1 d'après le modèle donné dans la transcription.

1. Ce que je te demande, c'est de ne pas te fâcher.   [skəʒtədmãd↗ sedənpatfaʃe↘]

2. Il n'aurait pas dû acheter une seringue aussi grosse.
   [ilnɔʀepady aʃte↗ ynsəʀɛ̃g osigʀos↘]

3. Le porte-parole est devenu malade quand il a dû ressemeler ses chaussures.
   [ləpɔʀtpaʀɔl↗ edəvny malad↗ kãtilady ʀsəmle seʃosyʀ↘]

4. Je ne te dis pas ce que tu dois faire, alors ne me dis rien non plus.
   [ʒəntədipa skətydwafɛʀ↗ alɔʀ↗ nəmdiʀjẽ nɔ̃ply↘]

5. Est-ce que vous aimeriez devenir médecin?   [ɛskə vuzemərje dəvniʀmɛd̥sẽ↗]

6. Vous ne pensez pas qu'il aurait pu me le dire?   [vunpãsepa↗ kilɔʀepy mlədiʀ↗]

7. Le bûcheron ne me reconnaît pas et le forgeron ne veut plus me parler.
   [ləbyʃʀɔ̃↗ nəmʀəkɔnepa↗ elfɔʀʒəʀɔ̃↗ nəvøply mpaʀle↘]

8. Le garde-malade s'occupe déjà de quatre-vingt lits.
   [ləgaʀdmalad sɔkypdeʒa↗ dəkatʀəvẽli↘]

9. Cette viande est d'une tendreté remarquable.
   [sɛtvjãd↗ edyntãdʀəte ʀ(ə)maʀkabl↘]

10. Je me doute que cela vient de toi.   [ʒəmdut↗ kəslavjẽdtwa↘]

11. Ne renverse rien, ce serait dangereux.   [nəʀãvɛʀsəʀjẽ↗ səsʀedãʒʀø↘]

12. Ne le prenez pas avant de le peser.   [nəlpʀənepa↗ avãdəlpəze↘]

13. Pourquoi me dis-tu qu'il ne t'aime pas?   [puʀkwa mdity↘ kilnətɛmpa↘]

14. Ce savant ne devrait pas se coucher si tard.   [səsavã↗ ndəvʀepa skuʃesitaʀ↘]

15. Je ne suis pas surprise qu'il se coupe en se rasant.
    [ʒənsɥipa syʀpʀiz↗ kilsəkup ãsʀazã↘]

16. Il est bien sûr que vous me manquerez.   [ilebjẽsyʀ↗ kəvummãkʀe↘]

17. Nous le prendrons vendredi soir.   [nulpʀãdʀɔ̃↗ vãdʀədiswaʀ↘]

18. Mon petit voisin veut voir le match de football.
    [mɔ̃ptivwazɛ↗ vøvwaʀ ləmatʃdəfutbɔl↘]

19. Il a le hoquet une fois par semaine.   [ilaləɔke/ɛ↗ ynfwa paʀsəmɛn↘]

20. Lui parleriez-vous si vous le pouviez?   [lɥipaʀlərjevu↗ sivulpuvje↗]

EXERCICE 3:

Transcrivez les phrases suivantes et dites si <e> «muet» doit être prononcé ou non.

1. Ce que je m'ennuie quand je ne te vois pas!

   _____

   Vos commentaires:

   _____

   _____

2. Ce lustre luisant ne va pas durer longtemps.

   _____

   Vos commentaires:

   _____

   _____

3. Elle a quatre enfants: quatre garçons.

   _____

   Vos commentaires:

   _____

   _____

4. Est-ce que vous accepteriez de le faire?

   _____

   Vos commentaires:

   _____

   _____

5. Tu le lui as dit qu'elle le laisserait?

   _____

   Vos commentaires:

   _____

   _____

6. Prends-le, ce médicament, puisque tu penses que cela peut t'aider.

_____

Vos commentaires:

_____

_____

7. Il neige, je crois; mettez votre pardessus.

_____

Vos commentaires:

_____

_____

8. Je ne préfère pas qu'elle le sache.

_____

Vos commentaires:

_____

_____

9. Que veux-tu donc que je te dise?

_____

Vos commentaires:

_____

_____

10. Il ne pourra pas agir autrement.

_____

Vos commentaires:

_____

_____

Transcrivez les phrases suivantes et dites si <e> «muet» doit être prononcé ou non.

11. Pourquoi ne veut-il pas sortir le hamac?

    _____

    Vos commentaires:

    _____

    _____

12. N'oublie pas de mettre un porte-plat sur la table cirée.

    _____

    Vos commentaires:

    _____

    _____

13. Nous t'achèterions une voiture si nous le pouvions.

    _____

    Vos commentaires:

    _____

    _____

14. Mettez cette casserole sur le feu.

    _____

    Vos commentaires:

    _____

    _____

15. J'espère que tu me le donneras.

    _____

    Vos commentaires:

    _____

    _____

Révision 5

Corrigé

EXERCICE 3: Réponses

1. Ce que je m'ennuie quand je ne te vois pas!

   [skəʒmãnɥi˦ kãʒəntəvwapa↘]

   ce que: Le premier [ə] tombe et le deuxième reste car il est précédé d'une consonne forte.

   je: Le [ə] tombe car il est précédé d'une seule consonne.

   je ne te: Le premier [ə] reste et le deuxième tombe = série de <e> «muets» successifs. Le [ə] de **te** reste car il est précédé de deux consonnes et suivi d'une troisième.

2. Ce lustre luisant ne va pas durer longtemps.

   [səlystʀəlɥizã˦ n(ə)vapa dyʀelɔ̃tã↘]

   ce: Le [ə] pourrait tomber, mais le groupe [sl] ne fait pas partie de la phonologie du français.

   lustre: Le [ə] reste car il est précédé de trois consonnes et suivi d'une quatrième qui est elle-même suivie d'une semi-voyelle. Ici, la chute de [ʀə] entraînerait le groupe *[stlɥi] qui n'est pas possible en français.

   ne: Le [ə] peut tomber car il est précédé d'une seule consonne.

3. Elle a quatre enfants: quatre garçons.

   [ɛlakatʀãfã˦ katʀəgaʀsɔ̃↘]

   quatre garcons: Le [ə] reste car il est précédé de deux consonnes et suivi d'une troisième. Une autre possibilité ici serait de laisser tomber le groupe [ʀə] dans le cadre du français familier.

4. Est-ce que vous accepteriez de le faire?

   [ɛskə vuzaksɛptəʁje dəlfɛʁ↗]

   est-ce que: Dans cette série de deux [ə] successifs, le deuxième est précédé d'une consonne forte donc, il reste et le premier tombe.

   accepteriez: Le [ə] reste devant le groupe [ʁj].

   de le: Dans une série de [ə] le premier reste et le deuxième tombe puisque [l] n'est pas une consonne forte.

5. Tu le lui as dit qu'elle le laisserait?

   [tyləlɥiadi↗ kɛlləlɛsʁɛ↗]

   le lui: Bien que le [ə] ne soit précédé que d'une seule consonne, il reste car la prononciation [llɥi] serait très difficile. De plus, la différence entre **tu lui as dit** et **tu le lui as dit** serait également difficile à percevoir.

   elle le laisserait: Le premier [ə] est précédé de deux consonnes et suivi d'une troisième donc, il reste. Le [ə] de **laisserait** tombe car il n'est précédé que d'une seule consonne.

6. Prends-le, ce médicament, puisque tu penses que cela peut t'aider.

   [pʁɑ̃lə↗ smedikamɑ̃↗ pɥiskətypɑ̃s kəslapøtede↘]

   le: Le [ə] reste car il suit le verbe (position accentuée).

   ce: Le [ə] tombe car il est précédé d'une seule consonne.

   tu penses que cela: Le [ə] de **que** reste car il est précédé de deux consonnes et suivi d'une troisième. Le [ə] de **cela** tombe car il n'est précédé que d'une seule consonne.

7. Il neige, je crois; mettez votre pardessus.

   [ilnɛʒ↗ ʒəkʁwa↗ mete vɔtʁəpardəsy↘]

   je: Le [ə] pourrait tomber mais il reste car le groupe rythmique précédent se termine par le son [ʒ] et la géminée, bien que possible ici, serait assez difficile à articuler.

   votre: Le [ə] reste car il est précédé de deux consonnes et suivi d'une troisième. La chute de [ʁə] serait possible également en français familier.

   pardessus: Le [ə] reste car il est précédé de deux consonnes et suivi d'une troisième.

8. Je ne préfère pas qu'elle le sache.

   [ʒənpre/ɛfɛrpa kɛlləsaʃ↘]

   je ne: Dans une série de [ə] le premier reste et le deuxième tombe puisque [n] n'est pas une consonne forte.

   le: Le [ə] reste car il est précédé de deux consonnes et suivi d'une troisième.

9. Que veux-tu donc que je te dise?

   [kəvøtydɔ̃k↗ kəʒtədiz↘]

   que: Le [ə] des deux **que** reste car il est en position initiale de groupe rythmique après une consonne forte ([k]).

   je te: Le premier [ə] tombe et le deuxième reste car il est précédé d'une consonne forte.

10. Il ne pourra pas agir autrement.

    [ilnəpurapaaʒir otrəmɑ̃↘]

    ne et **autrement:** Le [ə] reste car il est précédé de deux consonnes et suivi d'une troisième.

11. Pourquoi ne veut-il pas sortir le hamac?

    [purkwa↗ n(ə)vøtilpasɔrtir ləamak↘]

    ne: Le [ə] peut tomber car il est précédé d'une seule consonne.

    le: Le [ə] doit rester devant un <h> «aspiré».

12. N'oublie pas de mettre un porte-plat sur la table cirée.

    [nublipa d(ə)mɛtrɛ̃pɔrtəpla↗ syrlatabləsire↘]

    de: Le [ə] peut tomber car il est précédé d'une seule consonne.

    porte-plat: Le [ə] de **porte** reste car il se trouve dans un mot composé dont le deuxième est monosyllabique.

    table cirée: Le [ə] reste après deux consonnes et devant une troisième à l'intérieur du groupe rythmique.

13. Nous t'achèterions une voiture si nous le pouvions.

    [nutaʃetərjɔ̃ ynvwatyr↗ sinulpuvjɔ̃↘]

    achèterions: Le [ə] reste devant le groupe [rj].

    le: Le [ə] tombe car il n'est précédé que d'une seule consonne.

14. Mettez cette casserole sur le feu.

     [mete sɛtkasʀɔl↗ syʀləfø↘]

casserole: Le [ə] tombe car il n'est précédé que d'une seule consonne.

sur le: Le [ə] reste car il est précédé de deux consonnes et suivi d'une troisième.

15. J'espère que tu me le donneras.

     [ʒɛspɛʀ↗ kətyməl(ə)dɔnʀa↘]

que: Le [ə] reste car il se trouve à l'initiale d'un groupe rythmique après une consonne forte.

me le: Dans une série de deux [ə] consécutifs, le premier reste et le deuxième tombe. [mlə] est également possible.

donneras: Le <e> tombe après une seule consonne.

Révision 6

Les semi-voyelles, les voyelles nasales, les voyelles médiales et le <e> «muet»

🦻 ## EXERCICE 1:

Dictée phonétique: transcrivez les phrases que vous entendez et indiquez l'intonation.

1. _____

2. _____

3. _____

4. _____

5. _____

EXERCICE 2:

Transcrivez les phrases suivantes et discutez l'emploi des voyelles médiales et de <e> «muet».

1. Il est devenu malade de rire quand il a vu le perroquet dans le garde-manger.

   _____

   Vos commentaires:

   _____

   _____

2. Vous vous offusqueriez si nous gardions la belette et le hibou.

_____

Vos commentaires:

_____

_____

3. Il a changé trois fois de chemise avant d'aller chez le docteur.

_____

Vos commentaires:

_____

_____

4. Même si je le savais, je ne te le dirais pas.

_____

Vos commentaires:

_____

_____

5. Tais-toi et prends-le, ce médicament.

_____

Vos commentaires:

_____

_____

EXERCICE 3:

Transcrivez les phrases suivantes et commentez la prononciation des lettres en gras dans les mots soulignés.

1. As-tu entendu parler du Cardinal <u>Riche**lieu**</u>?

   _____

   Vos commentaires:

   _____

   _____

2. Il l'a <u>per**sua**dée</u> d'aller consulter son médecin.

   _____

   Vos commentaires:

   _____

   _____

3. C'est bien la première fois qu'elles me <u>répond**ent**</u> aussi <u>aimablem**ent**</u>.

   _____

   Vos commentaires:

   _____

   _____

4. Cette <u>**fill**e</u> est très <u>**cru**elle</u>.

   _____

   Vos commentaires:

   _____

   _____

5. Je n'ai jamais rencontré de mouettes muettes. Elles sont toujours <u>**bruy**antes</u>.

   _____

   Vos commentaires:

   _____

   _____

Révision 6

Corrigé

EXERCICE 1: Réponses

1. Vous ne devinerez jamais ce qu'il m'a dit

   [vundəvinʀe ʒamɛ↗ skilmadi↘]

2. J'ai trouvé un porte-cigarette sur mon bifteck.

   [ʒetʀuve ɛ̃pɔʀtsigaʀɛt↗ syʀmɔ̃biftɛk↘]

3. Je crois que Tonton est un peu trop bon.

   [ʒəkʀwaktɔ̃tɔ̃↗ etɛ̃pøtʀobɔ̃↘]

4. Cette petite gamine est pimbêche et arrogante.

   [sɛtpətitgamin↗ epɛ̃bɛʃ eaʀɔgɑ̃t↘]

5. Son parapluie élégant s'est cassé en se pliant.

   [sɔ̃paʀaplɥi elegɑ̃↗ sekase ɑ̃səplijɑ̃↘]

EXERCICE 2: Réponses

1. Il est devenu malade de rire quand il a vu le perroquet dans le garde-manger.

   [iledəvny maladdəʀiʀ↗ kɑ̃tilavy l(ə)peʀɔkɛ↗ dɑ̃l(ə)gaʀdmɑ̃ʒe↘]

Voyelles médiales

est: [e] suit la structure syllabique (la syllabe est ouverte).

perroquet: L'emploi de la voyelle [e] dans la syllabe inaccentuée suit la structure syllabique (la syllabe est ouverte, la voyelle est mi-fermée). Cependant, la voyelle [ɛ] serait également possible à cause de l'influence ouvrante du [ʀ] et du fait que les deux voyelles qui suivent sont elles-mêmes mi-ouvertes (assimilation). Dans la deuxième syllabe inaccentuée, [ɔ] est utilisé en français standard parisien, bien que cette prononciation ne suive pas la structure syllabique. Le [ɛ] accentué est utilisé en français standard parisien. Notez que la prononciation [peʀoke] est également possible. Dans ce cas, la voyelle inaccentuée [o] et la voyelle accentuée [e] suivent la structure syllabique.

manger: [e] suit la structure syllabique. L'emploi de [ɛ] est inacceptable puisqu'il s'agit ici d'un mot en <er>.

<e> «muets»

devenu: Dans une série de deux <e> «muets», le premier reste et le deuxième tombe s'il n'est pas précédé d'une consonne forte.

malade de rire: Ici, le [ə] doit rester car il est précédé de deux consonnes et suivi d'une troisième. Le <e> final n'est pas prononcé.

le perroquet: Le [ə] est précédé d'une seule consonne. Il peut tomber.

dans le: C'est le même cas, le [ə] peut tomber.

2. Vous vous offusqueriez si nous gardions la belette et le hibou.

[vuvuzɔfyskəʁjeↄ sinugaʁdjɔ̃ labəlɛt eləibuↄ]

Voyelles médiales

offusqueriez: [ɔ] ne suit pas la structure syllabique mais correspond à la prononciation du français standard parisien. La voyelle [o] est également possible. La syllabe accentuée est ouverte. Seule la voyelle [e] est possible.

belette: La syllabe accentuée est fermée donc seule la voyelle [ɛ] est possible.

et: La syllabe est ouverte, la voyelle [e] est fermée et suit donc la structure syllabique.

<e> «muets»

offusqueriez: Le [ə] reste car il est précédé de deux consonnes et suivi d'une troisième. De plus, le [ə] précède le groupe [ʁj].

belette: Le [ə] n'est précédé que d'une seule consonne mais il reste ici par opposition phonémique avec **l'ablette.**

le hibou: Le [ə] reste devant un <h> «aspiré».

3. Il a changé trois fois de chemise avant d'aller chez le docteur.

[ilaʃɑ̃ʒe tʁwafwad(ə)ʃəmizↄ avɑ̃dale ʃel(ə)dɔktœʁↄ]

Voyelles médiales

changé: La syllabe accentuée est ouverte, seule la voyelle [e] est possible car il s'agit aussi de la graphie <é> (participe passé).

aller et **chez:** Ce sont les mêmes explications que précédemment. Ici, seule la voyelle [e] est possible à cause de la graphie <er> (verbe) et la graphie <ez>.

docteur: La voyelle inaccentuée et la voyelle accentuée suivent toutes les deux la structure syllabique: la syllabe est fermée donc la voyelle est mi-ouverte.

`<e> «muets»`

de chemise: Ici, soit le premier [ə] ou le deuxième peut tomber, mais pas les deux ensemble: si le premier tombe, le deuxième doit rester car il est alors précédé de deux consonnes et suivi d'une troisième.

chez le: Le [ə] peut tomber car il est précédé d'une seule consonne.

4. Même si je le savais, je ne te le dirais pas.

   [mɛm siʒəlsavɛ↗ ʒəntəldiʁepa↘]

Voyelles médiales

même: Le [ɛ] suit la structure syllabique.

savais: [ɛ] est utilisé en français standard parisien mais ne suit pas la structure syllabique. [e] est également possible.

dirais: [ɛ] ne suit pas la structure syllabique, mais il s'agit ici du conditionnel.

`<e> «muets»`

je le savais: Le premier [ə] reste et le deuxième tombe car il n'est pas précédé d'une consonne forte.

je ne te le: Le [ə] de **ne** tombe pour la même raison que dans **je le** ci-dessus. Le [ə] de **te** reste car il est précédé de deux consonnes et suivi d'une troisième. Le [ə] de **le** tombe car il n'est précédé que d'une seule consonne.

5. Tais-toi et prends-le, ce médicament.

   [tɛtwa↘ epʁɑ̃lə↘ s(ə)medikamɑ̃↘]

Voyelles médiales

tais: Le [ɛ] est utilisé en français standard. [e] est également possible d'après la structure syllabique.

et: La syllabe est ouverte, on utilise donc [e]. Il s'agit du même cas pour la syllabe inaccentuée **$mé** dans **médicament**.

`<e> «muets»`

prends-le: Le [ə] doit rester car le pronom **le** suit le verbe (en position postposée).

ce: Le [ə] n'est précédé que d'une seule consonne et peut tomber.

EXERCICE 3: Réponses

1. As-tu entendu parler du Cardinal <u>Richelieu</u>?

   [aty ɑ̃tɑ̃dyparle˄ dykaʀdinal ʀiʃəljø˄]

   Richelieu: Puisque le [ə] doit rester ici devant [lj], l'ajout d'un [i] n'est pas nécessaire dans **$lieu**.

2. Il l'a <u>persuadée</u> d'aller consulter son médecin.

   [illapɛʀsɥade˄ dalekɔ̃sylte sɔ̃medsɛ̃˄]

   persuadée: [ɥ] est possible ici parce que la semi-voyelle n'est précédée que d'une seule consonne en position initiale de syllabe.

3. C'est bien la première fois qu'elles me <u>répondent</u> aussi <u>aimablement</u>.

   [sebjɛ̃ lapʀəmjɛʀfwa˄ kɛlməʀepɔ̃d osiemabləmɑ̃˄]

   répondent: <ent> n'est pas prononcé car il s'agit d'un suffixe verbal (troisième personne du pluriel). Dans aimablement, <ent> fait partie du suffixe adverbial <-ment> est prononcé [ɑ̃].

4. Cette <u>fille</u> est très <u>cruelle</u>.

   [sɛtfij˄ etʀɛkʀyɛl˄]

   fille: La graphie <-ill> représente les sons [ij] après une consonne, sauf dans les mots **ville, mille, tranquille,** etc.

   cruelle: La semi-voyelle *[ɥ] n'est pas possible ici après le groupe [kʀ] et devant une voyelle autre que [i].

5. Je n'ai jamais rencontré de mouettes muettes. Elles sont toujours <u>bruyantes</u>.

   [ʒ(ə)neʒamɛ ʀɑ̃kɔ̃tʀe˄ d(ə)mwɛtmɥɛt˄ ɛlsɔ̃tuʒuʀbʀɥijɑ̃t˄]

   bruyantes: Ce mot peut également se prononcer [bʀyjɑ̃t].

CHAPITRE 9

Les consonnes: généralités

9.1 Articulation ▼ ▼ ▼ ▼ ▼ ▼ ▼ ▼ ▼ ▼ ▼ ▼ ▼ ▼ ▼ ▼ ▼ ▼ ▼

Du point de vue articulatoire, les consonnes diffèrent des voyelles en ce qui concerne l'air qui s'échappe des poumons. Lors de la production des consonnes, l'air de la cavité pulmonaire est obstrué à un certain moment dans la cavité buccale. Dans la production des voyelles, l'air s'échappe librement.

9.2 Propriétés des consonnes ▼ ▼ ▼ ▼ ▼ ▼ ▼ ▼ ▼ ▼ ▼ ▼ ▼

Sonorité

Les consonnes peuvent être sonores: les cordes vocales vibrent pendant la production de la consonne, ou sourdes: les cordes vocales ne vibrent pas. Les seules consonnes sourdes en français sont [p, t, k, f, s, ʃ]. Toutes les autres consonnes sont sonores.

Manière d'articulation

a. Les occlusives: [p, t, k, b, d, g]

Les occlusives sont des consonnes qui sont produites avec une obstruction complète (mais momentanée) du passage de l'air pulmonaire dans la cavité buccale.

b. Les fricatives: [f, s, ʃ, v, z, ʒ]

Les fricatives sont des consonnes qui sont produites avec une obstruction partielle du passage de l'air dans la cavité buccale.

c. Les nasales: [m, n, ɲ, ŋ]

Dans la production des consonnes nasales l'air des poumons, qui est obstrué à un certain moment, s'échappe par la cavité buccale et par la cavité nasale.

d. Les liquides: [ʀ, l]

Les liquides sont des consonnes qui forment aisément des groupes consonantiques avec d'autres consonnes en position initiale, médiale ou finale de mot (suivies d'un <e> «muet»). Dans certaines langues, les liquides peuvent servir de noyaux syllabiques, c'est-à-dire se comporter comme des voyelles.

Lieu d'articulation

a. Bilabiale: [p, b, m]

Les consonnes bilabiales sont formées par le contact des deux lèvres.

b. Labio-dentale: [f, v]

Les consonnes labio-dentales sont formées par le contact de la lèvre inférieure avec les incisives supérieures.

c. Dentale: [t, d, n, l]

Les consonnes dentales sont formées par le contact de la pointe de la langue contre les dents supérieures.

d. Alvéolaire: [s, z]

Les consonnes alvéolaires sont formées par le contact de la pointe de la langue contre les alvéoles.

e. Palatale: [ʃ, ʒ, ɲ]

Les consonnes palatales sont formées par le contact du dos de la langue contre le palais dur.

f. Vélaire: [k, g, ŋ]

Les consonnes vélaires sont formées par le contact du dos de la langue contre le palais mou.

g. Uvulaire: [ʀ]

Les consonnes uvulaires sont formées par le contact du dos de la langue contre l'arrière du palais mou.

Tableau 9.1: Les consonnes du français

Manière d'articulation		Lieu d'articulation						
		BI-LABIALE	LABIO-DENTALE	DENTALE	ALVÉOLAIRE	PALATALE	VÉLAIRE	UVULAI
OCCLUSIVE	sourde	[p]		[t]			[k]	
	sonore	[b]		[d]			[g]	
FRICATIVE	sourde		[f]		[s]	[ʃ]		
	sonore		[v]		[z]	[ʒ]		
NASALE	sonore	[m]		[n]		[ɲ]	[ŋ]	
LIQUIDE	sonore			[l]				[ʀ]

9.3 Autres caractéristiques des consonnes ▼ ▼ ▼ ▼ ▼ ▼ ▼ ▼ ▼

Les occlusives

La production des consonnes occlusives se fait en trois temps:

a. La mise en place des organes articulatoires

Dans le cas de [p] par exemple, les deux lèvres se rapprochent.

b. La tenue des organes articulatoires

Les lèvres sont fermées dans le cas de l'articulation de [p] par exemple.

c. La détente des organes articulatoires

Pour [p], les lèvres s'écartent et l'air s'échappe de la cavité buccale.

REMARQUE:
On appelle «explosive» une consonne pour laquelle les trois temps de production sont présents. Par contraste, une «implosive» est une consonne pour laquelle le troisième temps de production (la détente) est minime.

Rapport de force entre les consonnes

a. Nature

Les consonnes sourdes sont plus fortes, du point de vue de l'énergie articulatoire, que les consonnes sonores. Ainsi, les consonnes [p, t, k] sont plus fortes que [b, d, g] et les consonnes [f, s, ʃ] sont plus fortes que [v, z, ʒ]. De même, les consonnes occlusives ([p, t, k]) sont plus fortes que les fricatives ([f, s, ʃ]).

b. Position

Les consonnes en position explosive sont plus fortes que les consonnes en position implosive. Ainsi dans **acteur** [aktœʀ], le [k] est en position implosive par rapport au [t] qui est en position explosive. Le [k] est donc plus faible que le [t] dans le mot **acteur**.

Assimilation consonantique

Nous avons vu précédemment des exemples d'assimilation (l'influence d'un son sur un autre) dans le cas des voyelles médiales et de l'harmonie vocalique (exemple: **rester** [ʀɛste] → [ʀeste]). Le même phénomène phonétique s'applique aux consonnes et dépend de la nature ou de la position de la consonne. Ainsi dans le cas d'un groupe consonne + liquide une assimilation de voisement ou dévoisement se produit dans le cas où la consonne et la liquide n'ont pas la même sonorité. Dans **prier** [pʀije] par exemple, [p] est plus fort par nature (occlusive sourde) que [ʀ] (fricative sonore). Il en résulte que [ʀ] perd de sa sonorité (il se dévoise) au contact de [p]. Dans une transcription phonétique étroite (c'est-à-dire très détaillée), le dévoisement peut s'indiquer avec le symbole [̥] sous la consonne dévoisée: [pʀ̥ije]. Le même phénomène se produit avec le [l] dans **peuple** [pœpl] par exemple, où [l] se dévoise au contact de [p]: [pœpl̥].

A l'intérieur d'un mot ou d'un groupe rythmique et comme le fait remarquer Pierre Léon (1992) dans le cas où la deuxième consonne du groupe consonantique n'appartient pas à la même syllabe, la position de la consonne, plutôt que sa nature, s'avère être le facteur le plus important dans l'assimilation. Ainsi dans **absolu** [absɔly], le [b], qui est en position implosive (faible), se dévoise au contact du [s]: [ab̥sɔly]. De même, dans **une robe chère**, le [b] est dévoisé au contact du [ʃ] ([ynʀɔb̥ʃɛʀ]) et dans **une jupe blanche**, le [p], en position implosive, est voisé au contact du [b] qui est en position forte: [ynʒypb̬lɑ̃ʃ] (notez le symbole [̬] sous le [p] qui indique le voisement).

Finalement, dans un groupe consonantique, quand la première consonne assimile la deuxième, on parle d'assimilation progressive. Quand la deuxième consonne assimile la première, on parle d'assimilation régressive.

Assimilation progressive

appeler [apl̥e]   [p] assimile [l] qui est dévoisé

quatre [katʀ̥]   [t] assimile [ʀ] qui est dévoisé

Assimilation régressive

médecin [med̥sɛ̃]   [s] assimile [d] qui est dévoisé

je te dis [ʒ̊tədi]   [t] assimile [ʒ] qui est dévoisé

REMARQUE 1:

Si les deux consonnes en contact partagent la même sonorité, l'assimilation de voisement ou dévoisement n'a pas lieu. Ainsi dans **une jupe courte**, [p] est en position implosive mais reste sourd car [k] est sourd: [ynʒypkuʀt]. Dans **une robe blanche**, le [b] de **robe** reste sonore: [ynʀɔbblɑ̃ʃ].

REMARQUE 2:

Dans le cas de **subsister**, le [b] ne change pas de sonorité mais le [s] se voise: [syb̬ziste]. Les mots en <-isme> sont sujets à une certaine variabilité: ainsi dans **totalitarisme** par exemple, certains locuteurs voisent le [s]: [tɔtalitaʀiz̬m], d'autres locuteurs dévoisent le [m]: [tɔtalitaʀism̥].

REMARQUE 3:

D'un point de vue auditif, il semble que les apprenants américains aient des difficultés à entendre un [ʀ] qui est dévoisé au contact d'une consonne sourde.

Les géminées

Les consonnes géminées sont des consonnes qui sont doubles dans la prononciation. Ainsi, **illégitime** peut se prononcer avec une géminée [illeʒitim] (deux [l] dans la prononciation) ou sans géminée [ileʒitim] (un seul [l] dans la prononciation). Notez que dans la prononciation avec deux [l], la géminée a une valeur PHONÉTIQUE: la prononciation avec un [l] ou deux ne change pas le sens du mot. Dans **courrait** [kuʀʀɛ] par contre, la géminée a une valeur PHONÉMIQUE: la prononciation avec deux [ʀ] indique le conditionnel [kuʀʀɛ] et non pas l'imparfait **courait** [kuʀɛ], qui est réalisé avec un seul [ʀ] dans la prononciation.

Certaines géminées résultent de la chute du <e> «muet». Dans **je n'ai pas lu le livre**, la chute du <e> «muet» entraîne une géminée dans la prononciation: [ʒənepalyllivʀ]. Finalement, bien que la plupart des géminées soient représentées par des consonnes doubles dans l'écriture: **immense** [immɑ̃s] ~ [imɑ̃s], **illettré** [illetʀe] ~ [iletʀe], **illégal** [illegal] ~ [ilegal], etc., tout graphème double ne représente pas nécessairement une géminée: **année** [ane], **addition** [adisjɔ̃], appeler [aple], etc. De plus, l'emploi des géminées fait partie du style soutenu de la conversation et est sujet à une assez grande variabilité. Par souci de simplicité, nous conseillons donc à l'apprenant d'utiliser une consonne simple dans la prononciation pour tout graphème double sauf dans le cas d'un contraste phonémique: **mourait** [muʀɛ] ≠ **mourrait** [muʀʀɛ], etc.

REMARQUE :

D'un point de vue auditif, l'apprenant éprouvera peut-être quelques difficultés à reconnaître une consonne géminée. En effet, l'articulation de telles consonnes n'est pas tout à fait équivalente à la production complète de deux consonnes et certains linguistes considèrent les géminées comme étant des consonnes longues plutôt que doubles.

9.4 Contrastes principaux entre les consonnes du français et de l'anglais ▼ ▼ ▼ ▼ ▼ ▼ ▼ ▼ ▼ ▼ ▼ ▼ ▼ ▼

L'aspiration

En position initiale de mot, les occlusives ([p, t, k]) sont aspirées en anglais. Dans *pat, tap, cat,* la consonne initiale est en position explosive et elle est émise avec un souffle d'air pendant la détente (troisième phase de production). Ce souffle peut être représenté phonétiquement avec le symbole [']: [p'æt], [t'æp], [k'æt]. En français, les occlusives ne sont pas aspirées pendant la détente en position initiale de mot: **patte** [pat], **tape** [tap], **quatre** [katʀ].

La détente

En position finale de mot, les consonnes sont implosives en anglais. Dans *nap,* la production de [p] se fait plutôt en deux temps (mise en place et tenue) au lieu de trois (la détente est minimale): [næp¬] (le symbole [¬] peut s'utiliser pour indiquer une consonne implosive). En français, les consonnes finales ne sont pas implosives et sont articulées avec beaucoup plus d'énergie qu'en anglais: **nappe** [nap].

L'antériorité

D'une manière générale, les consonnes sont plus antérieures (formées vers l'avant de la cavité buccale) en français qu'en anglais. Les consonnes [t, d, n] sont dentales en français mais alvéolaires en anglais: la pointe de la langue touche les alvéoles en anglais et non pas les incisives supérieures comme en français. De plus, dans la formation des consonnes en français, la position de la langue est plus souvent convexe (projetée vers l'avant) par rapport à l'anglais où la position de la langue est plus souvent concave (projetée vers l'arrière). Ainsi, bien que les consonnes [s, z, ʃ, ʒ] aient le même lieu d'articulation en français et en anglais, la position de la langue est convexe en français mais concave en anglais.

Les consonnes finales

Tandis que les consonnes finales sont prononcées en anglais, les seules consonnes finales qui tendent à être prononcées en français sont <c, r, f, l>: **avec** [avɛk], **mer** [mɛʀ], **chef** [ʃɛf], **cil** [sil]. Cependant, il existe des cas où les consonnes finales sont prononcées à l'intérieur d'un groupe rythmique. Ces cas font partie du phénomène de la liaison et seront discutés dans le chapitre suivant.

EXERCICE 1:

Répétez les phrases suivantes et transcrivez-les. Essayez d'indiquer les assimilations que vous entendez.

1. Mon médecin a quatre enfants.

   _____

2. Si je te demandais de m'épouser, tu le ferais?

   _____

3. Priez-le d'entrer.

   _____

4. Vous avez une belle jupe bleue.

   _____

5. Votre favoritisme me déplaît.

   _____

6. Pourquoi as-tu plié mon parapluie?

   _____

7. Tu as jeté le journal?

   _____

8. Faites attention! Vous marchez sur la patte du chien.

   _____

9. Je n'ai jamais vu de bec-de-gaz.

   _____

10. Il m'a supplié de prendre le train.

    _____

CHAPITRE 10

La liaison

ex: 2 o 3

10.1 Historique ▼

Jusqu'au XIIe siècle, toutes les consonnes finales étaient prononcées. Puis, entre la fin du XIIe siècle et la première moitié du XVIe, une consonne finale était prononcée devant une voyelle et en fin d'énoncé, mais elle n'était pas prononcée devant une consonne. Cependant, à partir de la deuxième moitié du XVIe siècle et sous l'influence des grammairiens, certaines consonnes ont recommencé à être prononcées en position finale. Il est intéressant de remarquer que tous les grammairiens n'étaient pas forcément d'accord sur quelle consonne finale prononcer et que certaines prononciations qui étaient recommandées à l'époque sont déconseillées par certains en français contemporain. Ainsi, la prononciation [ifo] pour **il faut** était jugée correcte au XVIIe siècle (tandis que la prononciation [ilfo] était prétentieuse et provinciale) alors qu'au XXe siècle, [ifo] est jugé par certains grammairiens comme trop familier, en opposition à [ilfo] qui est maintenant la prononciation normative (Walter: 1988).

REMARQUE:
Bien que cette très brève histoire de l'origine de la liaison puisse peut-être faire regretter à un apprenant de ne pas vivre au XIIIe ou XIVe siècle, à une époque où les règles concernant la prononciation des consonnes finales étaient moins complexes, elle explique pourtant pourquoi certaines consonnes finales sont prononcées et pourquoi d'autres (dans la grande majorité des mots) ne le sont pas.

10.2 L'élision, l'enchaînement et la liaison ▼ ▼ ▼ ▼ ▼ ▼ ▼ ▼ ▼ ▼

L'élision

On appelle ÉLISION la suppression d'une voyelle devant une autre voyelle ou un <h> «muet». Cependant, l'élision est limitée aux cas suivants:

1. Après **je, me, ne, te, de, se:**

j'ai	il m'amuse	elle t'a aidé
elle s'habitue	il n'a pas d'ennuis	

2. Après **le** et **la**:*

> le + ami → l'ami   la + étudiante → l'étudiante

3. Après **que**:

> que + est-ce que → qu'est-ce que

4. Après **ce** devant **est, était**:

> c'est moi   c'était amusant

5. Après **si** devant **il(s)**:

> s'il le faut

REMARQUE :

L'élision entraîne la chute de la voyelle à l'oral et à l'écrit, mais il existe deux autres cas d'élision où la chute de la voyelle ne se fait qu'à l'oral:

> tu + as → t'as
>
> qui + a/ont: «c'est ta fille qu'a dit ça?» (*en français familier*)

L'enchaînement

On appelle ENCHAÎNEMENT le lien qui se fait entre une consonne qui est toujours prononcée dans la dernière syllabe d'un mot et la voyelle initiale du mot suivant:

> avec elle [avɛ kɛl]
>
> une petite histoire [ynpəti tistwaʀ]

La liaison

On appelle LIAISON le lien qui se fait entre une consonne finale qui n'est pas normalement prononcée et la voyelle initiale du mot suivant. Comparez:

> deux filles [døfij]   MAIS   deux amis [døzami]
>
> un petit garçon [ɛ̃ptigaʀsɔ̃]   MAIS   un petit outil [ɛ̃ptituti]

10.3 Le rôle phonémique de la liaison ▼ ▼ ▼ ▼ ▼ ▼ ▼ ▼ ▼ ▼ ▼ ▼

La présence ou l'absence de liaison dans la chaîne parlée peut changer le sens d'un mot ou de l'énoncé en général. Notez les différences de sens dans les exemples suivants:

> [seu]   =   c'est où?
>
> [setu]   =   c'est tout?
>
> [leeʀo]   =   les héros
>
> [lezeʀo] =   les zéros

---

* L'élision ne se fait pas dans le cas des chiffres **huit** et **onze** (**le huit mai, le onze janvier**), dans le cas des mots qui commencent avec un \<h\> «aspiré» (par exemple, **le hasard**) et dans le cas des mots suivants: **le yaourt, le yoga, le week-end, le whisky.**

L'utilisation de la liaison peut également donner lieu à des ambiguïtés, jeux de mots, etc:

[ɛlaɛ̃ptitami]	=	Elle a un petit ami.	OU	Elle a un petit tamis.
[sɛtɛ̃nɛ̃kapabl]	=	C'est un nain capable.	OU	C'est un incapable.

10.4 Les effets phonétiques de la liaison ▼ ▼ ▼ ▼ ▼ ▼ ▼ ▼ ▼ ▼ ▼

Dénasalisation

Les voyelles nasales se dénasalisent dans la liaison:

mon ancien professeur [mɔ̃nɑ̃sjɛ̃pʀɔfesœʀ]
un bon travail [ɛ̃bɔ̃tʀavaj]

MAIS:

mon ancien‿étudiant* [mɔ̃nɑ̃sjɛnetydjɑ̃]
un bon‿élève [ɛ̃bɔnelɛv]

EXCEPTION:
Les voyelles des mots **mon, ton, son, on, en, un, bien, rien, aucun, commun** restent nasales: **mon‿ami** [mɔ̃nami], **on‿a** [ɔ̃na], etc.

Voisement et dévoisement

Les occlusives se dévoisent et les fricatives se voisent dans la liaison, mais un tel changement phonétique ne se produit pas dans le cas d'un enchaînement. Comparez:

Liaison

un grand‿ami [ɛ̃gʀɑ̃tami]   (le [d] est dévoisé)
des‿amis [dezami]   (le [s] est voisé)

Enchaînement

une grande amie [yngʀɑ̃dami]   (le [d] n'est pas dévoisé)
l'autobus est là [lotobysela]   (le [s] n'est pas voisé)

Syllabation ouverte

Nous avons vu que l'enchaînement favorise la syllabation ouverte. Dans **il part**, par exemple, la première syllabe (**$il**) est fermée, mais dans **il est curieux**, la consonne [l] est enchaînée avec la voyelle [e] dans la prononciation et la syllabe précédente (**$i**) est donc ouverte: [i lɛ ky ʀjø].

Ce même phénomène se produit dans la liaison, où la consonne de liaison est rattachée à la syllabe suivante dans la grande majorité des cas. Dans **les‿amis**, par exemple, la consonne de liaison ([z]) est rattachée à la syllabe suivante: [le za mi] et non [lez a mi]. Ainsi, l'apprenant devra s'efforcer de bien enchaîner la consonne de liaison dans sa prononciation.

---

* Le symbole ‿ est utilisé pour indiquer les liaisons obligatoires.

10.5 Les liaisons obligatoires ▼ ▼ ▼ ▼ ▼ ▼ ▼ ▼ ▼ ▼ ▼ ▼ ▼ ▼ ▼ ▼ ▼

REMARQUE PRÉLIMINAIRE:

Les liaisons ne se font jamais entre deux groupes rythmiques et se produisent uniquement dans le cas de deux mots qui partagent un lien syntaxique étroit à l'intérieur d'un groupe rythmique. Cependant, tout lien étroit entre deux mots n'implique pas nécessairement la production d'une liaison et l'apprenant devra malheureusement mémoriser les cas de liaison obligatoire.

1. Déterminant + (Adjectif) + Nom

un‿ami	mon‿ami	les‿amis
des‿amis	ces‿amis	deux‿amis
un petit‿ami	quels‿amis	un‿ancien‿ami

2. Pronom + (Pronom) + Verbe/ (Pronom) + Verbe + Pronom

ils‿ont	ils‿en‿ont
ont‿ils?	en‿ont‿ils?

3. Expressions figées (liste partielle)

les Etats‿Unis	Comment‿allez-vous?*
les Champs‿Elysées	quand‿est-ce que?**
petit‿à petit	tout‿à coup
accent‿aigu	tout‿à fait
avant‿hier	de plus‿en plus
sous‿entendu	de temps‿en temps
commun‿accord	de fond‿en comble
tout‿à l'heure	de haut‿en bas

4. Après un adverbe ou une préposition monosyllabique

très‿intéressant	bien‿évident
dans‿un livre	en‿un‿instant

REMARQUE:

Tandis que les trois premiers cas de liaison obligatoire sont observés pratiquement par tous les locuteurs, la réalisation d'une liaison obligatoire après un adverbe monosyllabique est sujette à une assez grande variabilité. Ainsi pour **bien**, par exemple, certains locuteurs feront une liaison obligatoire dans **bien écrit** [bjɛ̃‿ekri], d'autres ne la feront pas: [bjɛ̃ekri]. Dans le cas de l'adverbe **trop**, la majorité des locuteurs ne feront pas la liaison: **Elle a trop insisté** [ɛlatroɛ̃siste].

---

* ATTENTION! La liaison après **comment** dans l'expression **comment allez-vous** est obligatoire, mais elle est interdite dans tous les autres cas après **comment**.

** La liaison est interdite dans le cas de **quand** adverbe interrogatif avec l'inversion. Ainsi dans **quand est-il parti**, la seule liaison obligatoire se fait entre **est** et **il**.

EXERCICE 1:

Répétez les phrases suivantes et transcrivez-les. Marquez les enchaînements et les liaisons obligatoires que vous entendez avec les symboles correspondants (symbole ‿ pour les liaisons obligatoires, symbole → pour les enchaînements).

1. Ils sont allés à Rome en avion.

    _____

2. Il n'est pas très intelligent, mais il est amusant.

    _____

3. Son anniversaire est après le mien.

    _____

4. Je pourrais me passer de ses sous-entendus agaçants.

    _____

5. Il faudra faire le ménage de fond en comble.

    _____

10.6 Les liaisons interdites ▼ ▼ ▼ ▼ ▼ ▼ ▼ ▼ ▼ ▼ ▼ ▼ ▼ ▼ ▼

Comme nous l'avons mentionné dans la remarque préliminaire de la section 10.5, toute liaison entre deux groupes rythmiques est interdite. Ainsi, un locuteur fera une liaison obligatoire après **bon** dans **c'est un bon avocat** [se(t)ɛ̃bɔn‿avɔka] mais ne fera pas de liaison après **bon** dans **c'est bon à boire** [sebɔ̃abwaʁ]. Notez que dans le premier exemple, **bon** et **avocat** sont à l'intérieur du même groupe rythmique et la liaison est obligatoire. Cependant, dans le deuxième exemple, **bon** et **à** font partie de deux groupes rythmiques différents et la liaison est donc interdite.

Il existe cependant des cas où deux mots partagent un lien syntaxique étroit (ils font partie du même groupe rythmique), mais pour lesquels toute liaison est interdite. La liste des liaisons interdites ci-dessous présente de tels cas, ainsi que d'autres où les deux mots font partie de deux groupes rythmiques différents mais avec lesquels l'apprenant a des difficultés et où il tend à faire une liaison interdite.

Le cas du <h> «aspiré»

Le français et l'anglais possèdent deux types de <h>: un <h> «muet» (c'est à dire qui n'est pas prononcé) dans le mot *hour* en anglais et **heure** en français et un <h> dit «aspiré» dans le mot *hero* en anglais et **héros** en français. Dans la réalité, tandis qu'en anglais un <h> «aspiré» se produit avec un souffle (une petite expiration de l'air), le <h> «aspiré» en français ne diffère pas d'un <h> muet dans la mesure où ni l'un ni l'autre ne sont prononcés.

La distinction entre <h> muet et <h> «aspiré» est importante en français en ce qui concerne l'élision et la liaison. Ainsi, ces deux phénomènes se produisent obligatoirement dans le cas des mots qui contiennent un <h> muet, mais ne se produisent pas dans le cas des mots qui contiennent un <h> «aspiré». Les mots qui contiennent un <h> muet sont d'origine latine et ceux qui contiennent un <h> «aspiré» sont, pour la plupart, d'origine germanique. Le mot **homme**, par exemple, est d'origine latine et commence avec un <h> muet. L'élision ou la liaison sont obligatoires: **l'homme** [lɔm], **les hommes** [lez‿ɔm]. Par contre, le mot **harpe** est d'origine germanique. Il commence avec un <h> «aspiré» et l'élision ou la liaison ne se produisent pas: **la harpe** [laaʀp], **les harpes** [leaʀp].

REMARQUE:

D'un point de vue historique, le <h> latin était aspiré à l'origine mais avait déjà perdu son aspiration dans la prononciation populaire avant la fin du premier siècle. Pour certains mots, cette disparition du <h> est évidente dans l'orthographe: latin *habere*, français **avoir**, mais dans d'autres mots, et malheureusement pour l'apprenant, le <h> (qui était pourtant muet) a été rétabli dans l'orthographe: latin *hibernu*, ancien français **iver**, français **hiver** (Bourciez: 1967). Par contre, d'après Bourciez, le <h> germanique a gardé son aspiration pendant plus longtemps (un millénaire) et s'est plus ou moins maintenu en Normandie et en Lorraine.

Mots commençant par un <h> «aspiré»

La liste partielle suivante contient des mots courants qui commencent avec un <h> «aspiré» et pour lesquels la liaison et l'élision sont interdites. L'apprenant reconnaîtra l'origine de certains de ces mots:

la hache	le hamburger	la harpe	le hippie
la hachisch	la hanche	le hasard	le hockey
la haie	le handball	la hausse	la Hollande
la haine	le handicap/	la hauteur	le homard
les Halles	les handicapés	la hernie	la honte
le halo	le hangar	le héros*	le hoquet
le hamac	le harcèlement	le hibou	le huit**
le hameau	le haricot	la hiérarchie	le hurlement

REMARQUE 1:

Il existe beaucoup de cas de liaisons fautives en français devant <h> en particulier comme dans **les haricots** qui est prononcé *[lezaʀiko], ou d'élision fautive du <h> comme dans **l'origine de *l'handicap** (entendu dans l'émission télévisée *Télématin* du 13 juin 2001). D'autres liaisons fautives comprennent l'ajout d'un [z] dans, par exemple, **il va aller** *[ilvazale], **quatre amis** *[katʀəzami] ou d'un [t] dans **(il) ira à toi** *[iʀatatwa]. L'analogie joue sans doute un rôle important dans ce type de liaison et il est intéressant de noter que ces liaisons sont faites par des locuteurs non-

---

* Le mot **héros** commence avec un <h> «aspiré» mais le mot **héroïne** commence avec un <h> muet: **des‿héroïnes** [dezeʀɔin].

** La liaison est interdite devant le chiffre **huit**, mais elle est obligatoire dans les chiffres **dix-huit** [dizɥit] et **vingt-huit** [vɛ̃tɥit].

cultivés aussi bien que cultivés. Ainsi, on peut même entendre des liaisons entre deux consonnes, par exemple, après **quand** (prononcé avec un *[t] final devant un mot qui commence avec une consonne). L'apprenant qui s'intéresse à ce phénomène des liaisons fautives pourra lire, entre autres, les ouvrages de Monique Léon (1984), Yves-Charles Morin (1990) et Pierre Encrevé (1988) dont l'analyse porte sur la liaison avec ou sans enchaînement dans le parler des hommes politiques.

REMARQUE 2:
L'ajout d'un <t> dans le cas des verbes en **-er** (à la troisième personne du singulier au présent) dans les questions avec inversion (**va-t-il** [vatil]) et l'ajout d'un <s> dans les verbes en **-er** à l'impératif (**vas-y** [vazi]) représentent des liaisons qui étaient fautives au XVIe siècle, mais qui sont devenues normatives (Tranel 1987).

Autres cas de liaisons interdites

1. Après un nom singulier:

   un soldat // anglais
   un enfant // intelligent

2. Après **et:***

   et // il

3. Après un nom propre:

   Jean // a dit
   Roger // est parti

4. Après un pronom personnel postposé:

   ont-ils // un livre?

5. Après **quand** (adverbe interrogatif) avec l'inversion et après les adverbes **comment** et **combien**:

   Quand // a-t-il dit qu'il partirait?
   Comment // ont-elles réagi?
   Combien // en veux-tu?

   RAPPEL:
   La liaison est obligatoire dans **comment allez-vous?**

6. Dans le pluriel des noms composés et certaines expressions figées (liste partielle):

   des salles // à manger   des fers // à repasser
   de part // en part   à tort // et à travers
   nez // à nez   des arcs //-en-ciel

---

* Le symbole // est utilisé pour indiquer les liaisons interdites.

7. Dans le cas des mots suivants:

- les mots qui commencent par <y>: **yaourt, yoga, yuppie** (EXCEPTION: **les‿yeux**).
- les mots qui commencent par le graphème <w> prononcé [w]: **week-end, western, whisky.**
- devant le chiffre **onze.**
- entre **mais** et **oui.**

PRONONCIATION ET TRANSCRIPTION

EXERCICE 2:

Répétez les phrases suivantes et transcrivez-les. Marquez les enchaînements et les liaisons obligatoires que vous entendez avec les symboles correspondants (symbole ‿ pour les liaisons obligatoires, symbole → pour les enchaînements). Ensuite, sur votre feuille, indiquez les liaisons interdites avec le symbole correspondant (//).

1. Quand a-t-elle annoncé qu'elle allait rendre les interrogations écrites?

   _____

2. Léon en a profité pour aller au magasin.

   _____

3. Comment a-t-il pu en arriver là?

   _____

4. Vont-ils vous en donner un d'un commun accord?

   _____

5. Il a beaucoup étudié.

   _____

10.7 Les liaisons facultatives ▼ ▼ ▼ ▼ ▼ ▼ ▼ ▼ ▼ ▼ ▼ ▼ ▼ ▼ ▼

Les liaisons facultatives dépendent du style de l'énoncé. Plus l'énoncé et les circonstances dans lesquelles il apparaît sont formels, plus les liaisons facultatives sont fréquentes. Ainsi, une personne interviewée pour un emploi, par exemple, fera sûrement plus de liaisons facultatives qu'une autre personne du même milieu social qui parle à une amie ou un voisin. De plus, les liaisons facultatives sont relativement fréquentes dans le cas d'un discours politique, d'un entretien à la télévision ou la radio ou dans le cas des actualités télévisées en général. Ceci s'explique dans la mesure où, dans ces types de discours, la parole n'est pas vraiment spontanée. Ainsi, les discours ont été préparés et pratiqués, les nouvelles sont lues, etc. De même, et pour des raisons similaires, la fréquence des liaisons facultatives dans le cadre de la lecture d'un poème ou d'une représentation théâtrale est très élevée.

La phrase suivante, **Des hommes illustres ont attendu**, donnée comme exemple par Delattre (1951) indique le type de liaisons faites en fonction du style.

a. Dans le cadre d'une récitation (poème, théâtre classique), toutes les liaisons (qui ne sont pas interdites) seraient faites:*

Des‿hommes (‿) illustres (‿) ont (‿) attendu.**
[dezɔmzil(l)ystʀəzɔ̃tatɑ̃dy]

b. Dans le cadre d'un discours formel, la plupart des liaisons seraient faites:

Des‿hommes (‿) illustres ont (‿) attendu.
[dezɔmzil(l)ystʀɔ̃tatɑ̃dy]

c. Dans le cadre d'une conversation soignée, on entendrait une liaison obligatoire entre **des** et **hommes** et une liaison facultative entre **ont** et **attendu**.

Des‿hommes illustres ont (‿) attendu.
[dezɔmil(l)ystʀɔ̃tatɑ̃dy]

d. Dans le cadre de la conversation familière, seule la liaison obligatoire entre *des* et *hommes* serait faite.

Des‿hommes illustres ont attendu.
[dezɔmil(l)ystʀɔ̃atɑ̃dy]

REMARQUE:
Afin d'avoir une prononciation aussi naturelle que possible, nous conseillons à l'apprenant d'éviter de faire toute liaison facultative dans le cadre de la conversation familière et de n'observer que les cas de liaisons obligatoires.

PRONONCIATION ET TRANSCRIPTION

𝔖 EXERCICE 3:

Répétez les phrases suivantes et transcrivez-les. Marquez les enchaînements, les liaisons obligatoires et les liaisons facultatives que vous entendez avec les symboles correspondants (symbole → pour les enchaînements, symbole ‿ pour les liaisons obligatoires et symbole (‿) pour les liaisons facultatives). Ensuite, sur votre feuille, indiquez les liaisons interdites avec le symbole correspondant (//).

1. Les Halles sont à Rungis depuis plusieurs années.

_____

---

* Le symbole (‿) représente une liaison facultative.

** Dans le style soigné, les liaisons facultatives après **être**, **aller** (dans le cadre du futur proche) et **pas** sont assez courantes: **ils sont (‿) arrivés, je vais (‿) aller, il n'est pas (‿) encore là**. Il est à remarquer également que de plus en plus de locuteurs, surtout les journalistes de la télévision, font une liaison facultative après un infinitif: **ils vont aller (‿) à Paris**.

2. Les autres étudiants que vous avez sont-ils aussi mauvais?

_____

3. Maître Corbeau sur un arbre perché tenait en son bec un fromage.
   (*Fables* de La Fontaine)

_____

4. Elle est arrivée en Hollande il y a trois heures.

_____

5. Nous arriverons bien à faire ce travail petit à petit.

_____

10.8 La liaison et les chiffres ▼ ▼ ▼ ▼ ▼ ▼ ▼ ▼ ▼ ▼ ▼ ▼ ▼

Les chiffres *un, deux* et *trois*

La liaison se fait obligatoirement dans le cas de **un: j'ai un‿enfant**, mais elle ne se fait pas dans les chiffres **vingt et un, trente et un, quarante et un**, etc. (sauf devant les mots **ans** et **heures** où elle est obligatoire): **il y a vingt et un étudiants** mais **elle a vingt et un‿ans**. La liaison est obligatoire dans le cas de **deux** et **trois** (**deux‿amis, trois‿étudiants**), mais certains locuteurs ne font pas de liaison après **deux** ou **trois** pour les multiples de ces chiffres: **trente-deux** (‿) **étages, quarante-trois** (‿) **ouvriers** (sauf devant les mots **ans** et **heures** où la liaison est obligatoire).

Les chiffres *six, dix* et *neuf*

La liaison se fait obligatoiremeṁt dans le cas de **six** et **dix: six‿hommes, dix‿œufs**, mais pour les chiffres **vingt-six, trente-six**, etc. et **quatre-vingt-dix** certains locuteurs feront une liaison (**vingt-six‿erreurs** [vɛ̃tsizɛʀœʀ]), **quatre-vingt-dix‿églises** [katʀəvɛ̃dizegliz]) tandis que d'autres marqueront un enchaînement dans la prononciation de ces chiffres: **vingt-six erreurs** [vɛ̃tsisɛʀœʀ], **quatre-vingt-dix églises** [katʀəvɛ̃disegliz]. Cette variation dans la prononciation de ces chiffres s'explique dans la mesure où **six** et **dix** se prononcent [sis] et [dis] en position finale d'un énoncé et sont donc traités par certains locuteurs comme une consonne d'enchaînement. Dans le cas des mois de l'année, certains locuteurs font une liaison (**six‿avril** [sizavʀil]), d'autres font un enchaînement (**six avril** [sisavʀil]), et d'autres ne prononcent pas la consonne finale (**six avril** [siavʀil]). Dans le cas des chiffres **deux** et **trois**, mis à part devant les mots **ans** et **heures** où les locuteurs prononcent tous le [z] de liaison pour ces chiffres et leurs multiples, certains locuteurs font la liaison, d'autres ne la font pas: **le vingt-deux‿août** = [ləvɛ̃tdøzu] ~ [ləvɛ̃tdøu], **le trois‿avril** = [lətʀwazavʀil] ~ [lətʀwaavʀil]. Finalement, en ce qui concerne le chiffre **neuf**, celui-ci se prononce [nœv] devant **ans** et **heures** (il s'agit d'une liaison) et il se prononce [nœf] ailleurs (il s'agit d'un enchaînement): **neuf étudiants** [nœfetydjɑ̃], **dix-neuf élèves** [diznœfelɛv].

PRONONCIATION ET TRANSCRIPTION

EXERCICE 4:

Répétez les phrases suivantes et transcrivez-les. Marquez les enchaînements, les liaisons obligatoires et les liaisons facultatives que vous entendez avec les symboles correspondants (symbole → pour les enchaînements, symbole ‿ pour les liaisons obligatoires et symbole (‿) pour les liaisons facultatives). Ensuite, sur votre feuille, indiquez les liaisons interdites avec le symbole correspondant (//).

1. Nous irons aux Etats-Unis le trente et un octobre à huit heures.

   _____

2. Jean et Marie vont essayer d'aller à la plage avec elles.

   _____

3. Quand est-ce que vous arriverez, cher ami?

   _____

4. Elle est fâchée parce qu'il est allé au cinéma sans elle.

   _____

5. Comment ont-elles réussi à finir en avance?

   _____

6. Il aime dormir très tard en hiver.

   _____

7. J'en ai assez! Vous êtes vraiment trop impatient.

   _____

8. Nous sommes amis depuis quelques années.

   _____

9. Paul n'a pas pris d'épinards, mais Louis en a voulu.

   _____

10. Quand est-il sorti? Je n'ai rien entendu.

   _____

10.9 Résumé des principaux cas de liaisons ▼ ▼ ▼ ▼ ▼ ▼ ▼ ▼ ▼

Tableau 10.1: Résumé des liaisons obligatoires et interdites

Liaisons obligatoires	Liaisons interdites
DÉTERMINANT + (ADJECTIF) + NOM: deux_enfants [døzãfã] le grand_enfant [ləgʀãtãfã]	**AVANT UN \<h\> «ASPIRÉ»:** des halos [dealo] ces hiboux [seibu]
PRONOM + (PRONOM) + VERBE, VERBE + PRONOM + (PRONOM): nous_en_avons [nuzãnavɔ̄] ont-elles [ɔ̄tɛl] donnez-nous_en [dɔnenuzã]	**APRÈS UN NOM SINGULIER OU UN NOM PROPRE:** un garçon aimable [ɛ̃gaʀsɔ̄emabl] François arrive [fʀãswaaʀiv]
LES EXPRESSIONS FIGÉES: les Etats_Unis [lezetazyni] de temps_en temps [dətãzãtã]	**APRÈS QUAND, COMMENT*, COMBIEN + INVERSION:** Quand a-t-il fini? [kãatilfini] Comment est-elle? [kɔmãetɛl] Combien a-t-il perdu? [kɔ̄bjɛ̃atilpɛʀdy]
APRÈS UN ADVERBE OU UNE PRÉPOSITION MONOSYLLABIQUE: très_utile [tʀɛzytil] en_avance [ãnavãs]	**APRÈS UN PRONOM PERSONNEL DANS L'INVERSION:** Sont-ils arrivés? [sɔ̄tilaʀive]
	APRÈS \<et\>: Il a ri et il est parti. [ilaʀieilepaʀti]
	DANS LE PLURIEL DES NOMS COMPOSÉS ET CERTAINS GROUPES FIGÉS: arcs-en-ciel [aʀkãsjɛl] de part en part [dəpaʀãpaʀ]

* RAPPEL: La liaison après **comment** est interdite sauf dans l'expression **comment allez-vous?**
où elle est obligatoire.

Révision 7

La liaison

🎧 **EXERCICE 1:**

Répétez les phrases suivantes.

1. Les autres enfants arrivaient en autobus.
2. Prends-en un autre, il y en a beaucoup.
3. C'est en effet trop étroit.
4. Quel mauvais hiver nous avons passé!
5. Son angoisse des fers à repasser est un bon exemple.
6. Nous irons à Paris, aux Champs-Elysées.
7. Ont-ils eu un instant de libre? Non, pas un seul.
8. Elles avaient des hardes avec elles.
9. Il est allé porter une gerbe sur la tombe du soldat inconnu.
10. Je l'ai aidé et il m'a dit: «Vous êtes bien aimable.»
11. Je vais chez un ami nettoyer sa maison de fond en comble.
12. Savez-vous assaisonner un pot-au-feu?
13. Mais oui, je le sais que c'est très intéressant.
14. On est parti à vingt-huit dans un camion et on a fait deux haltes.
15. François a conduit pendant une heure et Louis a dormi.
16. Ton ami est entré avec son ancien étudiant.
17. Quand est-ce qu'il est arrivé?
18. Les nouveaux arrivants ont l'air intéressé par mon album.
19. Comment allez-vous de Dijon à Perpignan?
20. Ils sont allés chez leurs amis et sont ravis de les avoir revus.

EXERCICE 2:

Maintenant, prononcez les phrases de l'exercice 1 d'après le modèle donné dans la transcription.

1. Les autres enfants arrivaient en autobus.   [lezotʀəzɑ̃fɑ̃↗ aʀivɛ ɑ̃notobys↘]

2. Prends-en un autre, il y en a beaucoup.   [pʀɑ̃zɑ̃ẽnotʀ↗ iljɑ̃naboku↘]

3. C'est en effet trop étroit.   [setɑ̃nɛfɛ tʀoetʀwa↘]

4. Quel mauvais hiver nous avons passé!   [kɛlmɔvɛziveʀ↗ nuzavɔ̃pase↘]

5. Son angoisse des fers à repasser est un bon exemple.
   [sɔ̃nɑ̃gwas defɛʀaʀ(ə)pase↗ e(t)ẽbɔnɛgzɑ̃pl↘]

6. Nous irons à Paris, aux Champs-Elysées.   [nuziʀɔ̃ apaʀi↗ oʃɑ̃zelize↘]

7. Ont-ils eu un instant de libre? Non, pas un seul.
   [ɔ̃tily ẽnẽstɑ̃d(ə)libʀ↗ nɔ̃↘ pa(z)ẽsœl↘]

8. Elles avaient des hardes avec elles.   [ɛlzavɛdeaʀd↗ avɛkɛl↘]

9. Il est allé porter une gerbe sur la tombe du soldat inconnu.
   [ile(t)ale pɔʀteynʒɛʀb↗ syʀlatɔ̃b dysɔlda ẽkɔny↘]

10. Je l'ai aidé et il m'a dit: «Vous êtes bien aimable.»
    [ʒəleede↗ eilmadi↗ vuzɛtbjẽnɛmabl↘]

11. Je vais chez un ami nettoyer sa maison de fond en comble.
    [ʒəve/ɛ ʃezẽnami↗ netwaje samezɔ̃↗ dəfɔ̃tɑ̃kɔ̃bl↘]

12. Savez-vous assaisonner un pot-au-feu?   [savevu asezɔne ẽpotofø↗]

13. Mais oui, je le sais que c'est très intéressant.
    [mɛwi↗ ʒəlsɛ↗ k(ə)setʀɛzẽteʀesɑ̃↘]

14. On est parti à vingt-huit dans un camion et on a fait deux haltes.   [ɔ̃nepaʀti
    avẽtɥit↗ dɑ̃zẽkamjɔ̃↗ eɔ̃nafɛdøalt↘]

15. François a conduit pendant une heure et Louis a dormi.
    [fʀɑ̃swa akɔ̃dɥi pɑ̃dɑ̃ynœʀ↗ elwi adɔʀmi↘]

16. Ton ami est entré avec son ancien étudiant.
    [tɔ̃nami e(t)ɑ̃tʀe↗ avɛksɔ̃nɑ̃sjɛnetydjɑ̃↘]

17. Quand est-ce qu'il est arrivé?   [kɑ̃tɛs kile(t)aʀive↘]

18. Les nouveaux arrivants ont l'air intéressé par mon album.   [lenuvozaʀivɑ̃↗
    ɔ̃lɛʀẽteʀese↗ paʀmɔ̃nalbɔm↘]

19. Comment allez-vous de Dijon à Perpignan?
    [kɔmɑ̃ alevu dədiʒɔ̃↘ apɛʀpiɲɑ̃↘]

20. Ils sont allés chez leurs amis et sont ravis de les avoir revus.
    [ilsɔ̃(t)ale ʃelœʀzami↗ esɔ̃ʀavi d(ə)lezavwaʀʀəvy↘]

EXERCICE 3:

Transcrivez les phrases suivantes et indiquez les liaisons obligatoires, interdites et facultatives. Pour ces dernières, indiquez uniquement celles faites dans le style soigné. Indiquez également les enchaînements.

1. Quand est-ce qu'il aura trente-neuf ans? Le premier avril?

   _____

2. Ils se sont acharnés à peindre des arcs-en-ciel.

   _____

3. Il adore manger des haricots verts avec son hamburger.

   _____

4. Ils ont habité aux Etats-Unis pendant onze ans.

   _____

5. Elle a mis tes livres dans un carton, tout en haut du placard.

   _____

6. Jean et Lucien sont arrivés en Espagne avant-hier.

   _____

7. Elle est allée au cinéma avec ses petits-enfants.

   _____

8. Comment ont-ils pu en arriver là? C'est incroyable!

   _____

9. Son égoïsme est un handicap.

   _____

10. Le professeur a bien amusé les élèves quand il a mangé son yaourt en classe.

    _____

11. Vas-y, puisque tu en as envie.

    _____

12. Prends-en, pour une fois!

    _____

13. Il n'y aura pas de juste milieu. Ce sera tout bon ou tout mauvais.

    _____

14. Ce n'est pas ainsi qu'ils obtiendront un résultat excellent.

_____

15. Il est important d'écouter avec intensité.

_____

Révision 7

Corrigé

EXERCICE 3: Réponses

1. Quand est-ce qu'il aura trente-neuf ans? Le premier avril?

   [kɑ̃tɛs kilɔʀa tʀɑ̃tnœvɑ̃ˋ ləpʀəmje(ɛ)ʀavʀilˊ]

   Liaisons et enchaînements:

   Quand‿est-ce qu'il→aura trente-neuf‿ans? Le premier‿avril?

   Enchaînement: entre **il** et **aura**.

   Liaisons obligatoires: dans **quand est-ce que** (expression figée), déterminants + noms (**trente-neuf ans, premier avril**).

2. Ils se sont acharnés à peindre des arcs-en-ciel.

   [ilsəsɔ̃(t)aʃaʀneˊ apɛ̃dʀə dezaʀkɑ̃sjɛlˋ]

   Liaisons et enchaînements:

   Ils se sont(‿)acharnés à peindre des‿arcs→-en-ciel.

   Enchaînement: entre **arcs** et **en**.

   Liaison obligatoire: déterminant + nom (**des arcs**).

   Liaison interdite: entre **arcs** et **en** (le <s> du pluriel n'est jamais prononcé). Le <c> est toujours prononcé ([k]), il s'agit d'un enchaînement.

   Liaison facultative: entre **sont** et **acharnés**.

3. Il adore manger des haricots verts avec son hamburger.

   [iladɔʀmɑ̃ʒe deaʀikoveʀˊ avɛksɔ̃ɑ̃byʀgeʀˋ]

   Liaisons et enchaînements:

   Il→adore manger des //haricots verts→avec son//hamburger.

   Enchaînements: entre **il** et **adore** et entre **verts** et **avec**.

   Liaisons interdites: entre **des** et **haricots**, entre **son** et **hamburger**: <h> «aspirés».

4. Ils ont habité aux Etats-Unis pendant onze ans.

[ilzɔ̃abite ozetazyni↗ pɑ̃dɑ̃ɔ̃zɑ̃↘]

Liaisons et enchaînements:

Ils‿ont(‿)habité aux‿Etats‿-Unis pendant//onze→ans.

Enchaînement: entre **onze** et **ans**.

Liaisons obligatoires: pronom sujet + verbe (**ils ont**), après **aux** (préposition monosyllabique), et dans **Etats-Unis** (groupe figé).

Liaison interdite: devant **onze**.

5. Elle a mis tes livres dans un carton, tout en haut du placard.

[ɛlamitelivʀ↗ dɑ̃zɛ̃kaʀtɔ̃↗ tutɑ̃//o dyplakaʀ↘]

Liaisons et enchaînements:

Elle→a mis tes livres dans‿un carton, tout‿en//haut du placard.

Enchaînement: entre **elle** et **a**.

Liaisons obligatoires: entre **dans** et **un**, après **tout** (expression figée)

Liaison interdite: devant **haut** (<h> «aspiré»).

6. Jean et Lucien sont arrivés en Espagne avant-hier.

[ʒɑ̃elysjɛ̃↗ sɔ̃(t)aʀive ɑ̃nɛspaɲ↗ avɑ̃tjɛʀ↘]

Liaisons et enchaînements:

Jean//et Lucien sont(‿) arrivés en‿Espagne→avant‿-hier.

Enchaînement: entre **Espagne** et **avant-hier**.

Liaisons obligatoires: dans **avant-hier** (expression figée), après **en** (préposition monosyllabique).

Liaisons interdites: après **Jean** (nom propre).

Liaison facultative: entre **sont** et **arrivés**.

7. Elle est allée au cinéma avec ses petits-enfants.

[ɛle(t)ale osinema↗ avɛkseptizɑ̃fɑ̃↘]

Liaisons et enchaînements:

Elle→est(‿)allée au cinéma avec ses petits‿-enfants.

Enchaînement: entre **elle** et **est**.

Liaison obligatoire: adjectif + nom (**petits-enfants**).

Liaison facultative: entre **est** et **allée**.

8. Comment ont-ils pu en arriver là? C'est incroyable!

[kɔmɑ̃ ɔ̃tilpy ɑ̃naʀivela↘ se(t)ɛ̃kʀwajabl↘]

Liaisons et enchaînements:

Comment//ont‿-ils pu en‿arriver là? C'est(‿)incroyable!

Liaisons obligatoires: verbe + pronom sujet (**ont-ils**), après une préposition monosyllabique (**en arriver**).

Liaison interdite: après **comment**.

Liaison facultative: après **c'est**.

9. Son égoïsme est un handicap.

[sɔ̃negɔ/oism↗ e(t)ɛ̃ɑ̃dikap↘]

Liaisons et enchaînements:

Son‿égoïsme→est(‿) un//handicap.

Liaison obligatoire: déterminant + nom (**son égoïsme**).

Liaison facultative: entre **est** et **un**.

Liaison interdite: devant **handicap** (<h> «aspiré»).

10. Le professeur a bien amusé les élèves quand il a mangé son yaourt en classe.

[l(ə)pʀo/ɔfe/ɛsœʀ↗ abjɛ̃namyze lezelɛv↗ kɑ̃tilamɑ̃ʒe sɔ̃jauʀt ɑ̃klas↘]

Liaisons et enchaînements:

Le professeur→a bien‿amusé les‿élèves quand‿il→a mangé son//yaourt→en classe.

Enchaînements: entre **professeur** et **a**, entre **il** et **a**, entre **yaourt** et **en**.

Liaisons obligatoires: adverbe monosyllabique + verbe (**bien amusé**), déterminant + nom (**les élèves**), **quand** (conjonction de temps) + **il**.

Liaison interdite: entre **son** et **yaourt** (pas de liaison devant <y>, sauf devant le mot **yeux**).

11. Vas-y, puisque tu en as envie.

[vazi↘ pɥiskə tyɑ̃naɑ̃vi↘]

Liaisons et enchaînements:

Vas‿-y, puisque tu en‿as envie.

Liaisons obligatoires: verbe + pronom (**vas-y**), pronom + verbe (**en a**).

12. Prends-en, pour une fois!

   [pʀɑ̃zɑ̃↘ puʀynfwa↘]

   Liaisons et enchaînements:

   Prends‿-en pour→une fois!

   Enchaînement: entre **pour** et **une**.

   Liaison obligatoire: verbe + pronom (**prends-en**).

13. Il n'y aura pas de juste milieu. Ce sera tout bon ou tout mauvais.

   [ilnjo/ɔʀapa d(ə)ʒystəmiljø↗ səs(ə)ʀatubɔ̃↗ utumɔvɛ↘]

   Liaisons et enchaînements:

   Il n'y aura pas de juste milieu. Ce sera tout bon//ou tout mauvais.

   Liaison interdite: après **bon** (pas de liaison entre deux groupes rythmiques).

14. Ce n'est pas ainsi qu'ils obtiendront un résultat excellent.

   [s(ə)nepa(z)ɛ̃si↗ kilzɔbtjɛ̃dʀɔ̃ ɛ̃ʀezylta ɛkselɑ̃↘]

   Liaisons et enchaînements:

   Ce n'est pas(‿)ainsi qu'ils‿obtiendront un résultat//excellent.

   Liaison obligatoire: pronom sujet + verbe (**ils obtiendront**).

   Liaison interdite: après **résultat** (pas de liaison après un mot singulier).

   Liaison facultative: après **pas**.

15. Il est important d'écouter avec intensité.

   [ile(t)ɛ̃pɔʀtɑ̃ dekute↗ avɛkɛ̃tɑ̃site↘]

   Liaisons et enchaînements:

   Il→est(‿)important d'écouter avec→intensité.

   Enchaînements: entre **il** et **est**, entre **avec** et **intensité**.

   Liaison facultative: entre **est** et **important**.

CHAPITRE 11

Les liquides

11.1 La liquide [ʀ] ▼ ▼ ▼ ▼ ▼ ▼ ▼ ▼ ▼ ▼ ▼ ▼ ▼ ▼ ▼ ▼ ▼ ▼ ▼

Production

Il existe plusieurs variantes du [ʀ] en français comme en anglais. Dans la production du [ʀ] standard en français, la langue prend une forme convexe. Le dos de la langue se rapproche de l'arrière du palais mou (la luette) et la pointe de la langue est abaissée vers les dents inférieures. Dans la production de la variante la plus courante du [r] américain, la langue prend une position concave et la pointe de la langue est relevée vers l'arrière des alvéoles.

Graphies correspondantes

	Tableau 11.1: Les graphies de [ʀ]
<r>	**mari** [maʀi], **riz** [ʀi], **mer** [mɛʀ]
<rr>	**pourri** [puʀi], **arrive** [aʀiv]*
<rh>	**rhume** [ʀym], **Rhône** [ʀoːn], **rhinocéros** [ʀinɔseʀɔs]

* Comme nous l'avons mentionné dans la section 9.3 du chapitre 9, la consonne double peut également représenter une géminée dans certains cas: **courrait** [kuʀʀɛ].

PRONONCIATION

EXERCICE 1:

Répétez les mots suivants: [ʀ] en position médiale.

1. Paris
2. pourrez
3. saura
4. jouerons
5. soirée
6. beurrée
7. irais
8. poirier

🔊 EXERCICE 2:

Répétez les mots suivants: [ʀ] en position finale.

1. sort   5. mer
2. pur   6. pleure
3. porc   7. pire
4. gare   8. cher

🔊 EXERCICE 3:

Répétez les mots suivants: [ʀ] en position initiale.

1. rue   5. rang
2. roue   6. rond
3. rit   7. rein
4. ras   8. roi

🔊 EXERCICE 4:

Répétez les mots suivants: [ʀ] après une consonne.

1. prix   5. Brie
2. trois   6. droit
3. craint   7. grain
4. frais   8. vrai

11.2 Réalisation phonétique de /r/ en position finale ▼ ▼ ▼ ▼ ▼

D'une manière générale, le graphème <r> est prononcé en position finale: **partir** [paʀtiʀ], **or** [ɔʀ], **noir** [nwaʀ], **mer** [mɛʀ], **pour** [puʀ], **sur** [syʀ], **bonheur** [bɔnœʀ], **imper** [ɛ̃pɛʀ] (abréviation de **imperméable**), **cancer** [kɑ̃sɛʀ], **cuiller** (ou **cuillère**) [kɥijɛʀ], **hiver** [ivɛʀ], **enfer** [ɑ̃fɛʀ], **éther** [etɛʀ], **fier** [fjɛʀ], **super** [sypɛʀ], **gangster** [gɑ̃gstɛʀ], **revolver** [ʀevɔlvɛʀ], etc. Cependant, il existe certains types de mots dans lesquels <r> n'est pas prononcé:

1. Les verbes en <-er>:

    manger [mɑ̃ʒe]   chanter [ʃɑ̃te]   aller [ale], etc.

2. Les noms de métier en <-er>:

    boucher [buʃe]   boulanger [bulɑ̃ʒe]
    maraîcher [maʀeʃe]   horloger [ɔʀlɔʒe], etc.

3. Les noms en <-ier>:

quartier [kaʀtje]   tablier [tablije]   cahier [kajɛ/e]
jardinier [ʒaʀdinje]   charcutier [ʃaʀkytje]
poirier [pwaʀje]   prunier [pʀynje], etc.

4. Cas particulier:

   <r> n'est pas prononcé dans **monsieur** [məsjø] et dans le pluriel **messieurs** [mesjø].

   <r> n'est pas prononcé dans l'adjectif **léger** [leʒe].

REMARQUE 1:

<r> est toujours prononcé quand il est suivi d'une consonne en position finale de mot: **part** [paʀ], **porc** [pɔʀ], **corps** [kɔʀ], **lard** [laʀ], etc. (EXCEPTION: **gars** [ga]).

REMARQUE 2:

<r> est dévoisé après une occlusive sourde et quand il se trouve en position implosive devant une consonne sourde: **pris** [pʀ̥i], **harpe** [aʀ̥p].

PRONONCIATION ET TRANSCRIPTION

EXERCICE 5:

Répétez les phrases suivantes et transcrivez-les:

1. Rémi s'est marié à Rome avec Renée.

   _____

2. Le roi Roland rit sans arrêt avec la reine Raymonde.

   _____

3. Il partira à Troyes en train à treize heures.

   _____

4. Ses parents arriveront le premier décembre.

   _____

5. Le grand gangster a perdu son revolver.

   _____

11.3 La liquide [l] ▼ ▼ ▼ ▼ ▼ ▼ ▼ ▼ ▼ ▼ ▼ ▼ ▼ ▼ ▼ ▼ ▼ ▼ ▼

Production

Dans la production du [l] en français, la pointe de la langue s'élève contre les incisives supérieures. La langue se masse vers l'avant de la cavité buccale et prend une forme convexe. Dans la production du [l] en anglais, il existe deux variantes: un [l] «clair» et un [l] «sombre». Pour les deux variantes, la langue se masse vers l'arrière de la cavité buccale et prend une forme concave. La pointe de la langue touche les alvéoles pour le [l] «clair» (dans *love*, par exemple) et elle touche l'avant du palais dur pour le [l] «sombre» (dans *Bill* ou *felt*, par exemple). Le [l] «clair» est la variante qui se rapproche le plus du [l] français.

Graphies correspondantes

Tableau 11.2: Les graphies de [l]	
<l>	**lit** [li], **télé** [tele], **il** [il]
<ll>	**aller** [ale], **ballet** [balɛ]*

* Comme nous l'avons signalé dans la section 9.3 du chapitre 9, la consonne double peut être prononcée comme une géminée dans certains mots: **illégitime** [illeʒitim], etc.

RAPPEL (voir section 6.2 du chapitre 6):

1. <l> est prononcé [j] dans les groupes <-ail>, <-euil>, <-ouil>, <-eil>, et le mot **œil**:

    ail [aj]　　　　　**seuil** [sœ́j]　　　　　**fenouil** [fənuj]
    soleil [sɔlɛj]　　**œil** [œj].

2. <ll> se prononce [j] dans les cas suivants:

    C + V + <ill->: **veuille** [vœj], **ailles** [aj], **nouille** [nuj], **veille** [vɛj], etc.

    C + <ill->: **billet** [bijɛ], **fille** [fij], etc. sauf dans les mots suivants: **Gilles** [ʒil], **ville** [vil] et mots dérivés; **tranquille** [tʀɑ̃kil], **Lille** [lil], **mille** [mil] et mots dérivés; **pénicilline** [penisilin], **distiller** [distile], **osciller** [ɔsile].

PRONONCIATION

🕬 EXERCICE 6:

Répétez les mots suivants: [l] en position initiale.

1. lit
2. lent
3. loup
4. long

5. lu
6. lin
7. laid
8. la

🕬 EXERCICE 7:

Répétez les mots suivants: [l] en position médiale.

1. télé
2. pelé
3. bolée
4. gelée

5. mêlée
6. foulé
7. roulé
8. soûlé

🕬 EXERCICE 8:

Répétez les mots suivants: [l] en position finale.

1. mille
2. mule
3. moule
4. mêle

5. meule
6. molle
7. malle
8. mâle

11.4 Réalisation phonétique de /l/ en position finale ▾ ▾ ▾ ▾ ▾

<l> est normalement prononcé en position finale: **cil** [sil], **sel** [sɛl], **seul** [sœl], **avril** [avʀil], **bol** [bɔl], etc. sauf dans les cas suivants:

1. Dans certains mots courants comme:

   gentil [ʒɑ̃ti]   fusil [fyzi]   outil [outi]   soûl [su]
   cul [ky] et mots dérivés (**cul de sac**), etc.

2. La prononciation de <l> est facultative dans les mots suivants:

   nombril [nɔ̃bʀi] ~ [nɔ̃bʀil]   persil [pɛʀsi] ~ [pɛʀsil]
   sourcil [suʀsil] ~ [suʀsi]   chenil [ʃənil] ~ [ʃəni]

REMARQUE 1:

<l> n'est pas prononcé devant un <s> en position finale qui ne représente pas la marque du pluriel: **fils** [fis], **pouls** [pu].

REMARQUE 2:

<l> est dévoisé après une occlusive sourde et quand il se trouve en position implosive devant une consonne sourde: **peuple** [pœpl̥], **halte** [al̥t].

PRONONCIATION ET TRANSCRIPTION

🜪 EXERCICE 9:

Répétez les phrases suivantes et transcrivez-les.

1. Laisse les lys sous le lilas.

   _____

2. Allez-vous aller au gala?

   _____

3. L'alouette a volé le long de l'eau.

   _____

4. L'île est peuplée de lézards.

   _____

5. Il fait de l'algèbre sur son balcon pour se calmer.

   _____

CHAPITRE 12

Les occlusives

12.1 L'occlusive [p] ▼ ▼ ▼ ▼ ▼ ▼ ▼ ▼ ▼ ▼ ▼ ▼ ▼ ▼ ▼ ▼ ▼ ▼ ▼

Production

[p] est une OCCLUSIVE SOURDE BILABIALE. Pour la production de [p], le passage de l'air est bloqué par les deux lèvres puis relâché très rapidement. L'apprenant devra redoubler d'efforts pour ne pas aspirer cette consonne en position initiale et devra s'assurer de bien relâcher la consonne, afin que la détente soit pleinement présente en position finale.

Graphies correspondantes

	Tableau 12.1: Les graphies de [p]
<p>	**papa** [papa], **permis** [pɛʀmi], **aptitude** [aptityd]*
<pp>	**appeler** [aple], **nappe** [nap], **appris** [apʀi]

* La graphie <ph> représente le son [f]: **phare** [faʀ], **sphère** [sfɛʀ].

PRONONCIATION

🜂 EXERCICE 1:

Répétez les mots suivants: [p] en position initiale et médiale.

1. pépite
2. poupée
3. pipette
4. papa
5. papillon
6. pupille
7. peuplé
8. paupière

🕮 EXERCICE 2:

Répétez les mots suivants: [p] en position finale.

1. soupe
2. loupe
3. taupe
4. tape

5. nappe
6. grappe
7. harpe
8. carpe

12.2 Réalisation phonétique de /p/ ▼ ▼ ▼ ▼ ▼ ▼ ▼ ▼ ▼ ▼ ▼ ▼ ▼

Position initiale devant une consonne

Le graphème <p> est toujours prononcé ([p]) en position initiale devant une consonne (comparez avec l'anglais où <p> n'est prononcé que devant <r> ou <l>):

prix [pʀi]   pluie [plɥi]
pneu [pnø]   psychologie [psikɔlɔʒi]
ptôse [ptoz]   psaume [psom]

Position médiale devant une consonne

<p> est prononcé devant une consonne (**aptitude** [aptityd], **hypnotiser** [ipnɔtize], **septembre** [sɛptɑ̃bʀ], **septennat** [sɛptena], etc.) sauf dans les mots suivants:*

septième [sɛtjɛm] (ainsi que **sept** [sɛt], **vingt-sept**, etc.)
compter [kɔ̃te] et mots dérivés (**comptable** [kɔ̃tabl], etc.)
baptiser [batize] et mots dérivés (**baptême** [batɛm], etc.)
sculpter [skylte] et mots dérivés (**sculpteur** [skyltœʀ], etc.)

Position finale

En général, <p> n'est jamais prononcé en position finale (relative ou absolue):

champ [ʃɑ̃]   loup [lu]   drap [dʀa]
temps [tɑ̃]   corps [kɔʀ]   prompt [pʀɔ̃]

EXCEPTION:

<p> est prononcé dans les mots suivants (dont la plupart sont empruntés au latin ou d'origine étrangère):

handicap [ɑ̃dikap]   stop [stɔp]   cep [sɛp]
biceps [bisɛps]   croup [kʀup]   cap [kap]

---

* Dans le cas du mot **dompter** et ses dérivés deux prononciations sont possibles: [dɔ̃pte] ou [dɔ̃te].

188   ♦♦♦   Facile à dire

PRONONCIATION ET TRANSCRIPTION

EXERCICE 3:

Répétez les phrases suivantes et transcrivez-les.

1. Il pleut beaucoup à Paris au printemps.

   _____

2. Papa a pris un pot de peinture trop plein.

   _____

3. A ta place, je plaindrais ce pauvre Paul.

   _____

4. Prends ce plat de pâtes. Il est très copieux.

   _____

5. Pourrais-tu m'aider à poser du papier-peint?

   _____

12.3 L'occlusive [b] ▼ ▼ ▼ ▼ ▼ ▼ ▼ ▼ ▼ ▼ ▼ ▼ ▼ ▼ ▼ ▼ ▼ ▼ ▼

Production

La consonne [b] est une OCCLUSIVE SONORE BILABIALE. Pour la production de [b], la glotte est fermée et les cordes vocales vibrent pendant que le passage de l'air est bloqué par les deux lèvres avant d'être relâché. L'apprenant devra redoubler d'efforts pour pleinement voiser la consonne et devra s'assurer de bien relâcher la consonne quand elle est prononcée en position finale.

Graphies correspondantes

Tableau 12.2: Les graphies de [b]	
<b>	**balle** [bal], **bébé** [bebe], **objet** [ɔbʒɛ], **tombe** [tɔ̃b]
<bb>	**abbaye** [abei]

PRONONCIATION

🦻 EXERCICE 4:

Répétez les mots suivants: [b] en position initiale.

1. boule   4. balle

2. bêle   5. bulle

3. bol   6. bile

🦻 EXERCICE 5:

Répétez les mots suivants: [b] en position médiale.

1. habit   4. à bout

2. abus   5. abat

3. abbé   6. aboie

🦻 EXERCICE 6:

Répétez les mots suivants: [b] en position finale.

1. robe   4. bombe

2. lobe   5. daube

3. tombe   6. aube

12.4 Réalisation phonétique de /b/* ▼ ▼ ▼ ▼ ▼ ▼ ▼ ▼ ▼ ▼ ▼ ▼ ▼

En général, le graphème <b> n'est jamais prononcé en position finale absolue (**plomb** [plɔ̃]) sauf dans certains mots d'origine étrangère:

snob [snɔb]	club [klœb]
toubib [tubib]	baobab [baobab]

---

* [b] est dévoisé quand il se trouve en position implosive devant une consonne sourde. Comparez:

obtenir [ɔb̥təniʀ]	objet [ɔbʒɛ]
absent [ab̥sɑ̃]	abdiquer [abdike]
obtus [ɔb̥ty]	obnubiler [ɔbnybile]

⌇ EXERCICE 7:

Répétez les phrases suivantes et transcrivez-les.

1. N'abusez pas de ces bonbons.

   _____

2. Il va se bronzer sur son beau bateau blanc.

   _____

3. Votre beau-frère a une belle barbe bouclée.

   _____

4. Bernard a bu trop de bière.

   _____

5. Son bel habit bleu est plutôt abîmé.

   _____

12.5 L'occlusive [t] ▾ ▾ ▾ ▾ ▾ ▾ ▾ ▾ ▾ ▾ ▾ ▾ ▾ ▾ ▾ ▾ ▾ ▾

Production

[t] est une OCCLUSIVE DENTALE SOURDE. Pour la production de [t], la pointe de la langue touche les dents supérieures et non pas les alvéoles (la partie bombée derrière les dents) comme en anglais et le passage de l'air est bloqué pendant un instant avant d'être relâché. L'apprenant devra s'assurer de ne pas aspirer la consonne en position initiale, de bien produire une articulation dentale et non alvéolaire comme en anglais et de relâcher pleinement la consonne quand elle est prononcée en position finale.

Graphies correspondantes

Tableau 12.3: Les graphies de [t]	
<t>	**tuile** [tɥil], **entier** [ɑ̃tje], **train** [trɛ̃]
<tt>	**lettre** [lɛtʀ], **atteindre** [atɛ̃dʀ], **botte** [bɔt]
<th>	**thé** [te], **rythme** [ʀitm], **théâtre** [teɑtʀ]*

* <th> n'est pas prononcé dans le mot **asthme**: [asm].

🕭 EXERCICE 8:

Répétez les mots suivants: [t] en position initiale.

1.	tu	5.	ta
2.	toux	6.	teint
3.	tes	7.	thon
4.	tôt	8.	temps

🕭 EXERCICE 9:

Répétez les mots suivants: [t] en position médiale et finale.

1.	été	5.	mite
2.	état	6.	meute
3.	étau	7.	maths
4.	étain	8.	motte

12.6 Réalisation phonétique de /t/ ▼ ▼ ▼ ▼ ▼ ▼ ▼ ▼ ▼ ▼ ▼ ▼ ▼

\<t\> en position médiale

La prononciation de \<t\> en position médiale devant un \<i\> suivi d'une voyelle prononcée ou non prononcée est assez problématique dans la mesure où \<t\> correspond soit au son [s], soit au son [t]. Cependant, le grand nombre de mots apparentés qui existent entre le français et l'anglais pourront servir de guide pratique à l'apprenant et l'aideront, dans la grande majorité des cas, à déterminer quelle prononciation choisir comme nous l'indiquons ci-dessous:

1. \<t\> est prononcé [s] en français (dans les noms et adjectifs) dans les cas où il est prononcé [ʃ] ou [tʃ] en anglais dans le mot apparenté:

notion [nosjɔ̃]	portion [pɔʀsjɔ̃]	action [aksjɔ̃]
invention [ɛ̃vɑ̃sjɔ̃]	national [nasjɔnal]	proportionnel [pʀɔpɔʀsjɔnɛl]
essentiel [esɑ̃sjɛl]	initial [inisjal]	prétentieux [pʀetɑ̃sjø]
option [ɔpsjɔ̃]	initier [inisje]	initiation [inisjasjɔ̃], etc.

2. \<t\> est prononcé [s] en français dans les cas où le mot apparenté en anglais se termine en \<-cy\>:

démocratie [demɔkʀasi]	diplomatie [diplɔmasi]
aristocratie [aʀistɔkʀasi], etc.	

3. \<t\> est prononcé [t] dans les cas où il est prononcé [t] en anglais dans le mot apparenté:

modestie [mɔdɛsti]	garantie [gaʀɑ̃ti]	pitié [pitje]
question [kɛstjɔ̃]	nous inventions [nuzɛ̃vɑ̃tjɔ̃], etc.	

4. Dans beaucoup d'autres cas, <t> est prononcé [t] en position médiale:

| amitié [amitje] | sortie [sɔʀti] | métier [metje] |
| charcutier [ʃaʀkytje] | quartier [kaʀtje] | huitième [ɥitjɛm], etc. |

<t> en position finale

En général, <t> n'est pas prononcé en position finale: **droit** [dʀwa], **bruit** [bʀɥi], **début** [deby], **chat** [ʃa], etc. sauf dans les cas suivants*:

1. <t> est prononcé dans certains mots monosyllabiques:

| chut [ʃyt] | brut [bʀyt] | est [ɛst] |
| ouest [wɛst] | test [tɛst] | mat [mat] |

2. <t> est prononcé dans certains mots étrangers et dans certains mots savants (surtout latins) en <it> ou en <ut>:

scout [skut]	colt [kɔlt]	flirt [flœʀt]
cobalt [kɔbalt]	accessit [aksesit]	occiput [ɔksipyt]
transit [tʀɑ̃zit]	scorbut [skɔʀbyt], etc.	

3. <t> est prononcé dans certains mots après <c>**:

tact [takt]	contact [kɔ̃takt]	(in)correct [(ɛ̃)kɔʀɛkt]
(in)direct [(ɛ̃)diʀɛkt]	strict [stʀikt]	verdict [vɛʀdikt]
infect [ɛ̃fɛkt].		

PRONONCIATION ET TRANSCRIPTION

EXERCICE 10:

Répétez les phrases suivantes et transcrivez-les.

1. Attention! Tu vas tomber du toit.

   _____

2. Est-ce que Tonton t'a téléphoné?

   _____

3. Les scouts tendront la tente en toile.

   _____

4. Antoine est parti sans toi, tu sais.

   _____

5. Il a atteint le sommet en trois mois.

   _____

_____

* <t> final est prononcé dans **huit** [ɥit] (ainsi que **dix-huit, vingt-huit**, etc), sauf si **huit** est suivi d'un mot qui commence par une consonne.

** <t> n'est pas prononcé dans des mots tels que: **respect** [ʀɛspɛ], **aspect** [aspɛ], **suspect** [syspɛ], **instinct** [ɛ̃stɛ̃], **distinct** [distɛ̃].

Répétez les phrases suivantes et transcrivez-les: emphase sur <t> en position médiale.

1. Il a toujours fait partie du Front National.

   _____

2. Ayez la bonté de ne pas répéter ce mot confidentiel.

   _____

3. Il est prétentieux et n'a aucune diplomatie.

   _____

4. Ce jeune scout a beaucoup d'initiative.

   _____

5. Chut! Je viens d'entendre un bruit suspect.

   _____

12.7 L'occlusive [d] ▼ ▼ ▼ ▼ ▼ ▼ ▼ ▼ ▼ ▼ ▼ ▼ ▼ ▼ ▼ ▼ ▼ ▼

Production

[d] est une OCCLUSIVE DENTALE SONORE. Pour la production de [d], les cordes vocales vibrent pendant que la pointe de la langue touche les dents supérieures, puis l'air, qui était bloqué pendant un instant, est relâché. L'apprenant devra s'efforcer de produire une articulation dentale et non alvéolaire, de voiser pleinement la consonne et de bien la relâcher quand elle est prononcée en position finale.

Graphies correspondantes

Tableau 12.4: Les graphies de [d]	
<d>	**dos** [do], **drôle** [dʀol], **adjacent** [adʒasɑ̃]
<dd>	**addition** [adisjɔ̃]

PRONONCIATION

🎧 EXERCICE 12:

Répétez les mots suivants: [d] en position initiale et médiale.

1. dit
2. du
3. des
4. deux
5. perdit
6. perdu
7. perdez
8. perdant

🎧 EXERCICE 13:

Répétez les mots suivants: [d] en position finale.

1. ride
2. rude
3. raide
4. rade
5. larde
6. lourde
7. Sarde
8. sourde

12.8 Réalisation phonétique de /d/ ▼ ▼ ▼ ▼ ▼ ▼ ▼ ▼ ▼ ▼ ▼ ▼ ▼

<d> en position finale

En général, <d> n'est pas prononcé en position finale: **nid** [ni], **bond** [bɔ̃], **lard** [laʀ], **bord** [bɔʀ], **grand** [gʀɑ̃], etc.

EXCEPTION:

<d> est prononcé dans le mot **sud** [syd] (ATTENTION: **nord** se prononce [nɔʀ]) et dans des mots d'origine étrangère tels que:

week-end [wikɛnd]	raid [ʀɛd]	bled [blɛd]
celluloïd [selylɔid]	Alfred [alfʀɛd]	David [david]
Madrid [madʀid]	Bagdad [bagdad]	

PRONONCIATION ET TRANSCRIPTION

🎧 EXERCICE 14:

Répétez les phrases suivantes et transcrivez-les.

1. Les dindons dodelinent de la tête.

_____

2. Ce dandy danse divinement.

_____

3. Vous devriez admirer ce dessin.

_____

4. Le député-adjoint a dîné chez les Dupont.

_____

5. David s'est perdu dans Madrid.

_____

12.9 L'occlusive [k] ▾

Production

[k] est une OCCLUSIVE SOURDE VÉLAIRE. Pour la production de [k], le dos de la langue touche le palais mou et le passage de l'air est bloqué pendant un instant avant d'être relâché. L'apprenant devra s'efforcer de ne pas aspirer la consonne en position initiale et de bien la détendre quand elle est prononcée en position finale.

Graphies correspondantes

Tableau 12.5: Les graphies de [k]	
<c>	**crin** [kʀɛ̃], **sacre** [sakʀ], **bec** [bɛk]*
<qu>	**qui** [ki], **que** [kə], **quoi** [kwa], **quand** [kɑ̃]**
<cc>	**accord** [akɔʀ], **occuper** [ɔkype]***
<cqu>	**acquérir** [akeʀiʀ], **grecque** [gʀɛk]
<ck>	**bifteck** [biftɛk], **stock** [stɔk]
<k>	**tank** [tɑ̃k]

* La graphie <c> suivie de <a, o-, u-> correspond au son [k]: **car** [kaʀ], **corps** [kɔʀ], **cure** [kyʀ], **cœur** [kœʀ], **coin** [kwɛ̃], etc.

La graphie <c> suivi de <e-, i, y> correspond au son [s]: **cendre** [sɑ̃dʀ], **ceinture** [sɛ̃tyʀ], **cire** [siʀ], **cygne** [siɲ], **lacet** [lasɛ], **précis** [pʀesi], **souci** [susi], etc.

** <qu + a> se prononce [kwa] dans certains mots dont beaucoup sont d'origine latine: **aquarium** [akwaʀjɔm], **équateur** [ekwatœʀ], **équation** [ekwasjɔ̃], **adéquat** [adekwa], **quatuor** [kwatwɔʀ], etc.

Notez également que certains mots en <qu + i> se prononcent [kɥi]: **ubiquité** [ybikɥite], **équidistant** [ekɥidistɑ̃] ~ [ekidistɑ̃], **équilatéral** [ekɥilateral] ~ [ekilateral], etc.

*** <cc> suivi de <i, e-, é, è> se prononce [ks]: **accident** [aksidɑ̃], **accent** [aksɑ̃], **accéder** [aksede], **accès** [aksɛ], etc.

REMARQUE 1:

Notez que <ch>, qui correspond normalement au son [ʃ] (**chien** [ʃjɛ̃]), se prononce [k] dans certains mots étrangers (venus du grec en majorité):

archéologie [aʀkeɔlɔʒi] psychiatre [psikjatʀ]
chlore [klɔʀ] orchestre [ɔʀkɛstʀ], etc.

REMARQUE 2:

La graphie <x> correspond généralement à [gz] (**examen** [ɛgzamɛ̃]), mais elle correspond au son [ks] dans les cas suivants:

1. Quand <x> est en position finale de mot:

index [ɛ̃dɛks] télex [te/ɛlɛks], etc.

2. Quand <x> est suivi d'un <e> «muet» ou qu'il fait partie du radical du mot dérivé correspondant:

fixe [fiks] sexe [sɛks], etc.
fixer [fikse] sexualité [sɛksɥalite], etc.

3. Quand <x> est suivi d'une consonne:

extrème [ɛkstʀɛm] exquis [ɛkski] excès [ɛksɛ], etc.

4. Dans les mots suivants:

taxi [taksi] Mexique [mɛksik] lexique [lɛksik]

RAPPEL: **dix** et **six** se prononcent [dis] et [sis] en position finale de phrase, [diz] et [siz] devant une voyelle et [di] et [si] devant une consonne.

PRONONCIATION

🎧 EXERCICE 15:

Répétez les mots suivants: [k] en position initiale.

1. qui 5. cou
2. que 6. quai
3. quoi 7. queue
4. quand 8. cas

🎧 EXERCICE 16:

Répétez les mots suivants: [k] en position finale.

1. casque 5. laque
2. masque 6. Luc
3. risque 7. toque
4. bisque 8. tique

12.10 Réalisation phonétique de /k/ ▼ ▼ ▼ ▼ ▼ ▼ ▼ ▼ ▼ ▼ ▼ ▼

La graphie <c> en position finale

En général, <c> est prononcé en position finale: **sec** [sɛk], **lac** [lak], **avec** [avɛk], etc. sauf dans les cas suivants:

1. <c> n'est pas prononcé en position finale après une voyelle nasale sauf dans **donc** [dɔ̃k] = therefore:

   blanc [blɑ̃]   banc [bɑ̃]   franc [fʀɑ̃]   tronc [tʀɔ̃], etc.

2. <c> n'est pas prononcé dans les mots suivants:

   estomac [ɛstɔma]   tabac [taba]   marc [maʀ]   croc [kʀo]
   escroc [ɛskʀo]   accroc [akʀo]   caoutchouc [kautʃu]

REMARQUE:

Les graphies <ck, ch, q> correspondent toujours au son [k] en position finale: **bifteck** [biftɛk], **stock** [stɔk], **varech** [vaʀɛk], **Zurich** [zyʀik], **coq** [kɔk], etc. ATTENTION: [k] n'est pas prononcé dans **cinq minutes** [sɛ̃minyt] ni dans **cinq cents**: [sɛ̃sɑ̃].

PRONONCIATION ET TRANSCRIPTION

🦻 EXERCICE 17:

Répétez les phrases suivantes et transcrivez-les.

1. Pourquoi as-tu cassé ce carreau?

   _____

2. Elle aime beaucoup les coquilles Saint-Jacques.

   _____

3. Cette odeur de marc me donne mal au cœur.

   _____

4. Son psychiatre vient d'acquérir un aquarium.

   _____

5. Marc n'a pas l'air franc. Il fait même un peu escroc.

   _____

12.11 L'occlusive [g] ▼ ▼ ▼ ▼ ▼ ▼ ▼ ▼ ▼ ▼ ▼ ▼ ▼ ▼ ▼ ▼ ▼ ▼ ▼

Production

[g] est une OCCLUSIVE SONORE VÉLAIRE. Pour la production de [g], les cordes vocales vibrent pendant que le dos de la langue touche le palais mou. Le passage de l'air est bloqué pendant un instant avant d'être relâché. L'apprenant devra s'assurer de bien voiser la consonne et l'articuler pleinement quand elle est prononcée en position finale.

Tableau 12.6: Les graphies de [g]

\<g\>	**fatigant** [fatigã], **grand** [gʀã], **maigrir** [megʀiʀ]*
\<gu\>	**guerre** [gɛʀ], **gui** [gi], **fatigue** [fatig]**
\<gg\>	**agglutiner** [aglytine], **agglomération** [aglɔmeʀasjɔ̃], **aggraver** [agʀave]***

* \<g\> se prononce [ʒ] devant \<e-, i, y\>: **gens** [ʒã], **Gilles** [ʒil], **gymnastique** [ʒimnastik].

** La graphie \<gua\> représente le son [gwa] dans quelques mots étrangers: **iguane** [igwan], **jaguar** [ʒagwaʀ], **Guatemala** [gwatemala], etc.

Notez également que la graphie \<gui\>, prononcée normalement [gi], se prononce [gɥi] dans des mots tels que **aiguille** [ɛgɥij], **ambiguïté** [ãbigɥite], **linguiste** [lɛ̃gɥist] ~ [lɛ̃gwist], **linguistique** [lɛ̃gɥistik] ~ [lɛ̃gwistik], etc.

*** \<gg\> se prononce [gʒ] devant [e] ou [ɛ]: **suggérer** [sygʒeʀe], **suggestion** [sygʒɛstjɔ̃], etc.

REMARQUE:
La graphie \<gn\> correspond généralement au son [ɲ] en position initiale et médiale de mot: **gnon** [ɲɔ̃], **gnocchi** [ɲɔki], **Agnès** [aɲɛs], **gagner** [gaɲe], etc. Il existe cependant quelques cas où \<gn\> se prononce [gn] en position initiale ou médiale: **gnome** [gnom], **stagner** [stagne], **diagnostic** [djagnɔstik], **magnum** [magnɔm], etc.

RAPPEL:
La graphie \<ing\> correspond au son [iŋ] (voir le chapitre 14 sur les consonnes nasales).

PRONONCIATION

EXERCICE 18:

Répétez les mots suivants: [g] en position initiale.

1. gars
2. gant
3. gond
4. goût
5. gué
6. gai
7. gueux
8. gain

Répétez les mots suivants: [g] en position finale.

1. fatigue
2. digue
3. bêgue
4. ligue

5. bague
6. dogue
7. langue
8. longue

12.12 Réalisation phonétique de /g/ ▼ ▼ ▼ ▼ ▼ ▼ ▼ ▼ ▼ ▼ ▼ ▼ ▼

\<g> en position finale

En général, \<g> n'est pas prononcé en position finale, sauf dans un petit nombre de mots étrangers:

gang [gɑ̃g]	boumerang [bumʀɑ̃g]	gong [gɔ̃g]
gag [gag]	zigzag [zigzag], etc.	grog [gʀɔg]

PRONONCIATION ET TRANSCRIPTION

♪ EXERCICE 20:

Répétez les phases suivantes et transcrivez-les.

1. Votre garçon a beaucoup grandi, Gabrielle.

   _____

2. Gauguin garnissait son bungalow avec des guirlandes de fleurs.

   _____

3. Gaétan le regarda d'un air goguenard.

   _____

4. Le grog fatigue la gorge à la longue.

   _____

5. Gonzague se gaussait du pauvre gueux.

   _____

Révision 8

Les occlusives et les liquides

🦻 **EXERCICE 1:**

Dictée phonétique: transcrivez les phrases que vous entendez et indiquez l'intonation.

1. _____

2. _____

3. _____

4. _____

5. _____

EXERCICE 2:

Transcrivez les phrases suivantes et commentez la(les) lettre(s) en gras dans les mots soulignés.

1. Il y a un <u>excès</u> de bruit dans le <u>quartie**r**</u>.

_____

Vos commentaires:

_____

_____

2. Le chef d'<u>orchestre</u> n'a pas l'air très <u>franc</u>.

_____

Vos commentaires:

_____

_____

3. On a retrouvé son fils complètement <u>soûl</u> dans un <u>cul-de-sac</u>.

_____

Vos commentaires:

_____

_____

4. <u>Hier</u>, chez le <u>boucher</u>, <u>Esther</u> a blessé <u>Roger</u> par <u>accident</u>.

_____

Vos commentaires:

_____

_____

5. <u>Jacob</u> est très <u>snob</u> et il a beaucoup d'<u>aplomb</u>.

_____

Vos commentaires:

_____

_____

6. Pourquoi a-t-il mangé un <u>aconit</u> au mois d'août?

_____

Vos commentaires:

_____

_____

7. Je n'ai pas de <u>respect</u> pour le champagne <u>brut</u>.

_____

Vos commentaires:

_____

_____

Transcrivez les phrases suivantes et commentez la(les) lettre(s) en gras dans les mots soulignés.

8. Laissez-moi vous <u>accueillir</u> avec une <u>accolade</u>.

_____

Vos commentaires:

_____

_____

9. L'ambiguïté de votre s<u>ugg</u>estion me vexe et me pique comme une ai<u>gu</u>ille.

_____

Vos commentaires:

_____

_____

10. Il est parti en <u>cure</u> ce <u>week-end</u>.

_____

Vos commentaires:

_____

_____

Révision 8

Corrigé

EXERCICE 1: Réponses

1. Il a de gros biceps mais il est un peu gnangnan.

   [ila d(ə)gʀobisɛps↗ meile ɛ̃pøɲɑ̃ɲɑ̃↘]

2. Mon expert-comptable a attrapé le scorbut à Bagdad.

   [mɔ̃nɛkspɛʀkɔ̃tabl↗ aatʀape l(ə)skɔʀbyt abagdad↘]

3. Plantez le fenouil au soleil.

   [plɑ̃tel(ə)fənuj osɔlɛj↘]

4. Hugo a trois enfants illégitimes.

   [ygo↗ atʀwazɑ̃fɑ̃ il(l)eʒitim↘]

5. Machiavel mourrait de honte s'il buvait du marc.

   [makjavɛl↗ muʀʀɛdəɔ̃t↗ silbyvɛ dymaʀ↘]

EXERCICE 2: Réponses

1. Il y a un <u>excès</u> de bruit dans le <u>quartier</u>.

   [ilja ɛ̃nɛksɛdbʀɥi↗ dɑ̃lkaʀtje↘]

   excès: <x> se prononce [ks] devant une consonne.
   quartier: <r> est normalement prononcé, mais pas dans les mots en <ier> en général.

2. Le chef d'<u>orchestre</u> n'a pas l'air très <u>franc</u>.

   [ləʃefdɔʀkɛstʀ↗ napalɛʀ tʀɛfʀɑ̃↘]

   orchestre: <ch> se prononce normalement [ʃ]. Ici, il s'agit d'un mot d'origine grecque et <ch> se prononce [k].
   franc: <c> n'est jamais prononcé après une nasale (EXCEPTION: **donc** = *therefore*).

3. On a retrouvé son fils complètement <u>soûl</u> dans un <u>cul-de-sac</u>.

   [ɔ̃naʀtʀuve sɔ̃fis↗ kɔ̃plɛtmɑ̃su↗ dɑ̃zɛ̃kyd̦sak↘]

   soûl et **cul-de-sac:** Dans ces deux mots, le <l> final n'est pas prononcé. Il s'agit d'une exception.

4. <u>Hier</u>, chez le <u>boucher</u>, <u>Esther</u> a blessé <u>Roger</u> par <u>accident</u>.

[(i)jɛʁ↗ ʃelbuʃe↗ ɛstɛʁ ablɛse↗ ʁɔʒepaʁaksidɑ̃↘]

hier: <r> est normalement prononcé en position finale.
boucher: Une exception à la règle précédente (nom de métier).
Esther: Le <r> est normalement prononcé.
Roger: Une exception ici, le <r> n'est pas prononcé.
accident: <cc> + <i> se prononce [ksi].

5. <u>Jacob</u> est très <u>snob</u> et il a beaucoup d'<u>aplomb</u>.

[ʒakɔb etʁɛsnɔb↗ eila bokudaplɔ̃↘]

Jacob et **snob:** <b> est prononcé ici (mots étrangers), mais en général, il ne l'est pas.
aplomb: <b> n'est normalement pas prononcé en position finale.

6. Pourquoi a-t-il mangé un <u>aconit</u> au mois d'août?

[puʁkwa↗ atilmɑ̃ʒe ɛ̃nakɔnit omwadu↘]

aconit: Il s'agit d'une exception. <t> est prononcé ici (mot savant), mais il ne l'est pas en général.

7. Je n'ai pas de <u>respect</u> pour le champagne <u>brut</u>.

[ʒ(ə)nepa d(ə)ʁɛspɛ↗ puʁləʃɑ̃paɲəbʁyt↘]

respect: Ici, <ct> n'est pas prononcé. <ct> est cependant prononcé [kt] dans des mots tels que **tact, contact, correct**, etc.
brut: <t> final n'est généralement pas prononcé sauf ici, comme dans certains autres mots monosyllabiques.

8. Laissez-moi vous <u>accueillir</u> avec une <u>accolade</u>.

[lesemwa vuzakœjiʁ↗ avɛkynakɔlad↘]

accueillir et **accolade:** <cc> se prononce [k] devant <u, o-, a> et se prononce [ks] devant <i, e-, é, è>. Notez l'inversion <ue> dans **accueillir** pour garder le son [k].

9. L'ambiguïté de votre <u>suggestion</u> me vexe et me pique comme une <u>aiguille</u>.

[lɑ̃biɡɥite dəvɔtʁəsyɡʒɛstjɔ̃↗ məvɛks eməpik↗ kɔmyneɡɥij↘]

suggestion: <gg> se prononce [gʒ] devant [e] ou [ɛ].
aiguille: <gui> se prononce normalement [gi]. Il s'agit ici d'une exception.

10. Il est parti en <u>cure</u> ce <u>week-end</u>.

[ilepaʁti ɑ̃kyʁ↗ səwikɛnd↘]

cure: <c> se prononce [k] devant <a, o, u>.
week-end: Le <d> final est prononcé dans les mots étrangers.

CHAPITRE 13

Les fricatives

13.1 La fricative [f] ▼

Production

[f] est une FRICATIVE LABIODENTALE SOURDE. Pour la production de [f], la lèvre inférieure touche les dents supérieures. Le passage de l'air n'est pas bloqué, mais il est resserré et l'air s'échappe en produisant un bruit de friction. L'apprenant devra faire attention de bien relâcher la consonne quand elle est prononcée en position finale.

Graphies correspondantes

Tableau 13.1: Les graphies de [f]	
<f>	**facile** [fasil], **neuf** [nœf], **enfin** [ɑ̃fɛ̃]
<ff>	**effet** [efɛ], **affiche** [afiʃ], **offre** [ɔfʀ]
<ph>	**saphir** [safiʀ], **éléphant** [elefɑ̃], **phare** [faʀ]

PRONONCIATION

🖜 EXERCICE 1:

Répétez les mots suivants: [f] en position initiale.

1. fit	3. fou	5. feu	7. fend
2. fut	4. fée	6. faim	8. fond

🖜 EXERCICE 2:

Répétez les mots suivants: [f] en position finale.

1. greffe	3. graffe	5. nef	7. pouf
2. griffe	4. neuf	6. nymphe	8. pif

13.2 Réalisation phonétique de /f/ en position finale ▼ ▼ ▼ ▼ ▼

En général, <f> est prononcé en position finale (**actif** [aktif], **oisif** [wazif], etc.), sauf dans les mots suivants:

cerf [sɛʀ] (opposition phonémique avec **serf** [sɛʀf]), nerf [nɛʀ])
cerf-volant [sɛʀvɔlɑ̃]
chef d'œuvre [ʃedœvʀ] (ATTENTION: **chef-lieu** se prononce [ʃɛfljø])

RAPPEL:

1. Les mots **œuf** et **bœuf** se prononcent [œf] et [bœf] par opposition au pluriel: **œufs** [ø] et **bœufs** [bø].

2. **Neuf** [nœf] se prononce [nœv] dans la liaison devant les mots **heures** et **ans**: **dix-neuf heures** [diznœvœʀ], **vingt-neuf ans** [vɛ̃tnœvɑ̃].

3. Le mot **clé** [kle] s'épelle également **clef** [kle]. Nous conseillons à l'apprenant de choisir l'orthographe **clé** qui est plus moderne et plus simple.

PRONONCIATION ET TRANSCRIPTION

EXERCICE 3:

Répétez les phrases suivantes et transcrivez-les.

1. Fernand a plusieurs faons dans sa ferme.

_____

2. Mais si, franchement! Ton frère a un humour très fin.

_____

3. François refuse d'avoir un domicile fixe.

_____

4. Il est facétieux et un peu fou.

_____

5. C'est effectivement effarant, cette histoire de fantôme.

_____

13.3 La fricative [v] ▼ ▼ ▼ ▼ ▼ ▼ ▼ ▼ ▼ ▼ ▼ ▼ ▼ ▼ ▼ ▼ ▼ ▼

Production

[v] est une FRICATIVE LABIODENTALE SONORE. Pour la production de [v], les cordes vocales vibrent pendant que la lèvre inférieure touche les dents supérieures. Comme pour [f], le passage de l'air est rétréci et produit un bruit de friction. L'apprenant devra s'efforcer de bien voiser la consonne, afin de la différencier clairement de la consonne [f], et la relâcher pleinement quand elle est prononcée en position finale.

Graphies correspondantes

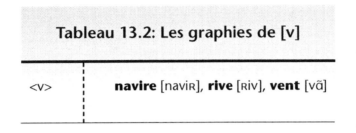

Tableau 13.2: Les graphies de [v]

<v>	**navire** [naviʀ], **rive** [ʀiv], **vent** [vɑ̃]

REMARQUE:

La graphie <w>, qui correspond pour la plupart des mots courants en <w> au son [w], se prononce [v] dans les mots **wagon** [vagɔ̃], **wagon-lit** [vagɔ̃li], **wagon-restaurant** [vagɔ̃ʀɛstɔʀɑ̃], etc., et **wisigoth** [vizigo].

PRONONCIATION

EXERCICE 4:

Répétez les mots suivants: [v] en position initiale et médiale.

1. vie	3. veut	5. avis	7. avant
2. vue	4. vas	6. avoue	8. avons

EXERCICE 5:

Répétez les mots suivants: contraste [v] ≠ [f] en position initiale et finale.

1. vin	fin	5. gave	gaffe
2. vent	fend	6. active	actif
3. vont	font	7. naïve	naïf
4. vos	faux	8. sauve	sauf

13.4 Réalisation phonétique de /v/ en position finale ▾ ▾ ▾ ▾ ▾

<v> est toujours suivi d'une voyelle en position finale et est donc prononcé dans tous les cas:

neuve [nœv]   vrai [vʀɛ]   lève [lɛv]   avis [avi], etc.

PRONONCIATION ET TRANSCRIPTION

⑨ EXERCICE 6:

Répétez les phrases suivantes et transcrivez-les.

1. Valérie y est arrivée avant vous.

   _____

2. Voyons voir. Voulez-vous un verre de vin?

   _____

3. Cours devant si tu ne veux pas te faire voir.

   _____

4. Vivement les vacances! Nous voyagerons en Provence.

   _____

5. Elle y va en voiture avec Vincent.

   _____

13.5 La fricative [s] ▼ ▼ ▼ ▼ ▼ ▼ ▼ ▼ ▼ ▼ ▼ ▼ ▼ ▼ ▼ ▼ ▼ ▼ ▼

Production

[s] est une FRICATIVE ALVÉOLAIRE SOURDE. Pour la production de [s], la pointe de la langue touche les alvéoles et le passage de l'air est rétréci pendant l'articulation de la consonne. L'apprenant devra s'efforcer de relâcher pleinement la consonne quand elle est prononcée en position finale.

Graphies correspondantes

Tableau 13.3: Les graphies de [s]	
<s>	**savoir** [savwaʀ], **sept** [sɛt], **absent** [absɑ̃], **pensée** [pɑ̃se]*
<ss>	**laisse** [lɛs], **assis** [asi], **fosse** [fos]
<ç>	**leçon** [ləsɔ̃], **reçu** [ʀəsy], **ça** [sa]
<c> + <i, y, é, è, e->	**cil** [sil], **cygne** [siɲ], **céder** [sede], **cèpe** [sɛp], **ceux** [sø]
<sc> + <i, é, è, e->**	**science** [sjɑ̃s], **scénario** [senaʀjo], **scène** [sɛn], **sceller** [sele]

* En général, <s> se prononce [z] entre deux voyelles: **rusé** [ʀyze], **bise** [biz], **rose** [ʀoz], etc. sauf dans les cas suivants où <s> est prononcé [s]:

1. Quand <s> suit une voyelle nasale:

   danse [dɑ̃s]   chanson [ʃɑ̃sɔ̃]   ensemble [ɑ̃sɑ̃bl], etc.

   EXCEPTION: <s> est prononcé [z] dans le préfixe **trans-** suivi d'une voyelle: **transatlantique** [tʀɑ̃zatlɑ̃tik], **transition** [tʀɑ̃zisjɔ̃], etc.

2. Quand <s> fait partie du radical d'un mot composé:

   parasol [paʀasɔl]   entresol [ɑ̃tʀəsɔl]   vraisemblable [vʀesɑ̃blabl], etc.

3. <s> est prononcé [s] dans **susurrer** [sysyʀe].

** <sc> suivi de <a, o, u> se prononce [sk]: **scabreux** [skabʀø], **scorbut** [skɔʀbyt], **sculpture** [skyltyʀ]. Notez également que <s> se prononce [z] dans les mots **Alsace** [alzas] et **subsister** [sybziste].

PRONONCIATION

👂 EXERCICE 7:

Répétez les mots suivants: [s] en position initiale.

1. ses	3. sot	5. ça	7. sain
2. su	4. sous	6. sans	8. son

👂 EXERCICE 8:

Répétez les mots suivants: [s] en position finale.

1. ponce	3. pince	5. pouce	7. paissent
2. pense	4. passe	6. puce	8. poisse

13.6 Réalisation phonétique de /s/ en position finale ▼ ▼ ▼ ▼ ▼

En général, <s> n'est pas prononcé en position finale: **abus** [aby], **anis** [ani] (ou [anis]), **tas** [tɑ], **près** [pʀɛ], etc. Cependant, il existe une série de mots dans lesquels <s> final est prononcé:

Les terminaisons <-us, -is, -as, -ès>

Il existe une série de mots, dont beaucoup ont été empruntés au latin ou sont d'origine étrangère, qui ont la même terminaison que dans les exemples précédents et dans lesquels le <s> final est prononcé. L'apprenant ne pourra malheureusement pas prédire ces mots, mais devra les mémoriser:

1. <s> est prononcé dans un certain nombre de mots qui se terminent en <-us>:

    autobus [otobys]   lapsus [lapsys]   prospectus [pʀɔspɛktys]
    terminus [tɛʀminys]   virus [viʀys], etc.

2. <s> est prononcé dans un certain nombre de mots qui se terminent en <-is>:

    gratis [gʀatis]   maïs [mais]   vis [vis]   tennis [tenis], etc.

3. <s> est prononcé dans un certain nombre de mots qui se terminent en <-as>:

    atlas [atlɑs]   hélas [elɑs]   as [ɑs], etc.

4. <s> est prononcé dans un certain nombre de mots qui se terminent en <-ès>:

    palmarès [palmaʀɛs]   faciès [fasjɛs], etc.

5. <s> est prononcé dans les noms propres suivants (des noms géographiques pour la plupart):

    Texas [tɛksas]   Arras [aʀɑs]   Tunis [tynis]   Senlis [sɑ̃lis]
    Sens [sɑ̃s]   Reims [ʀɛ̃s]   Agnès [aɲɛs]   Rubens [ʀybɛ̃s], etc.

6. <s> est également prononcé dans les mots suivants:

    ours [uʀs]   mars [maʀs]   biceps [bisɛps]
    sens [sɑ̃s]   rhinocéros [ʀinoseʀɔs]   albatros [albatʀɔs]
    os [ɔs] (par opposition à **os** [o] au pluriel), etc.

Le cas de *plus*

La prononciation du mot **plus** est assez frustrante dans la mesure où il existe une certaine fluctuation d'usage dans la prononciation du <s> final. Ainsi, un locuteur dira: «j'ai plus de travail que lui» [ʒeplysdətʀavajkəlɥi], où le <s> final est prononcé, tandis qu'un autre locuteur pourra dire: [ʒeplydətʀavajkəlɥi], sans prononcer le <s> final. De même, **nous ne sommes plus amis** peut se prononcer [nunsɔmplyami] (le <s> de **plus** n'est pas prononcé) ou bien [nunsɔmplyzami] (le <s> final est prononcé). Dans **nous sommes plus amis maintenant qu'avant**, on pourra entendre [plysami] ou [plyzami]. Dans un effort de simplification, nous conseillons à l'apprenant de prononcer le <s> de **plus** quand celui-ci a un sens positif et de ne pas le prononcer quand il a un sens négatif selon les cas suivants:

1. **Plus** positif devant une consonne, un chiffre ou une pause: le <s> est prononcé.

    Je voudrais plus d'argent, j'en voudrais plus.
    [ʒəvudʀɛplysdaʀʒɑ̃], [ʒɑ̃vudʀɛplys]

    Deux plus quatre font six, deux plus un font trois.
    [døplyskatʀfɔ̃sis], [døplysɛ̃fɔ̃tʀwa]

    EXCEPTION 1:
    Si **plus** précède un adjectif qui commence par une consonne, le <s> n'est pas prononcé: **Il fait plus frais qu'hier** [ilfɛplyfʀɛkijɛʀ].

    EXCEPTION 2:
    Dans la construction **plus de**, le <s> n'est pas prononcé devant un chiffre: **Il a plus de trente ans** [ilaplyd(ə)tʀɑ̃tɑ̃].

2. **Plus** positif devant une voyelle: le <s> est prononcé [z].

    Elle est plus intelligente que toi.
    [ɛleplyzɛ̃teliʒɑ̃tkətwa]

3. **Plus** négatif devant une consonne ou une pause: le <s> n'est pas prononcé.

    Je n'ai plus d'argent.
    [ʒ(ə)neplydaʀʒɑ̃]

    Je n'ai plus qu'un billet de 50 euros.
    [ʒ(ə)neplykɛ̃bijɛdsɛ̃kɑ̃tøʀo]

    Je n'en ai plus.
    [ʒ(ə)nɑ̃neply]

4. **Plus** négatif devant une voyelle: liaison facultative en [z].

    Il n'est plus aussi aimable.
    [ilneply(z)osiemabl]

Le cas de *tous*

En ce qui concerne la prononciation de **tous**, la difficulté à laquelle l'apprenant devra faire face sera de reconnaître la fonction grammaticale de **tous** dans une phrase. En effet, le mot **tous** peut avoir deux fonctions: pronom ou adjectif. Quand **tous** représente un pronom, le <s> est prononcé. Quand **tous** a la fonction d'un adjectif, le <s> n'est pas prononcé.

Tableau 13.4: *Tous*: pronom ou adjectif

Tous = adjectif: le <s> n'est pas prononcé	Tous = pronom: le <s> est prononcé
Tous mes amis habitent à Paris.	Ils habitent tous à Paris.
[tumezamiabitapaʀi]	[ilzabittusapaʀi]
Tous ses frères sont mariés.	Tous sont mariés.
[tusefʀɛʀsɔ̃maʀje]	[tussɔ̃maʀje]
Je connais tous leurs amis.	Je les connais tous.
[ʒəkɔnɛtulœʀzami]	[ʒələkɔnɛtus]

PRONONCIATION ET TRANSCRIPTION

EXERCICE 9:

Répétez les phrases suivantes et transcrivez-les.

1. C'est insensé, ce saucisson sent le savon!

   _____

2. Cécile ne sait pas si Solange sort avec Serge.

   _____

3. Cet acteur de cinéma a un sourire sensationnel.

   _____

4. Pourquoi a-t-il semé des soucis sous son citronnier?

   _____

5. Ces cinq cents soldats sont en permission à Senlis.

   _____

13.7 La fricative [z] ▼ ▼ ▼ ▼ ▼ ▼ ▼ ▼ ▼ ▼ ▼ ▼ ▼ ▼ ▼ ▼ ▼ ▼ ▼

Production

[z] est une FRICATIVE ALVÉOLAIRE SONORE. Pour la production de [z], les cordes vocales vibrent pendant que la pointe de la langue touche les alvéoles. Le passage de l'air est rétréci pendant la production de la consonne et produit un bruit de friction. L'apprenant devra s'assurer de bien voiser la consonne afin de la différencier pleinement de la consonne [s] et devra également s'efforcer de bien relâcher la consonne quand elle est prononcée en position finale.

Graphies correspondantes

Tableau 13.5: Les graphies de [z]	
<z>	**zoo** [zo], **azalée** [azale]
V + <s> + V	**oiseau** [wazo], **poison** [pwazɔ̃], **oser** [oze]*
<s> + liaison	**les‿amis** [lezami]

* Voir section 13.5 pour les exceptions à la règle de la prononciation de <s> en position intervocalique.

REMARQUE 1:

La graphie <x> correspond au groupe consonantique [gz] après la voyelle <e> en position initiale de mot et devant une autre voyelle ou un <h> muet:

      examen [ɛgzamɛ̃]   exact [ɛgzakt]   exhaler [ɛgzale]
      exécrable [egzekʀabl] ~ [eksekʀabl], etc.

Il est à noter également que la graphie <x> représente le son [gz] en position initiale dans le prénom **Xavier** et que certains locuteurs utilisent également [gz] en position initiale dans **xylophone** [gzilɔfɔn], **xénophobe** [gzenɔfɔb], etc. Finalement, <x> correspond au son [z] dans **dixième** [dizjɛm], **deuxième** [døzjɛm], **vingt-deuxième** [vɛ̃tdøzjɛm], etc.

REMARQUE 2:

Depuis une vingtaine d'années, il existe une tendance, chez beaucoup de locuteurs, à voiser le [s] des mots en **-isme**: **pessimisme** [pesimism] ~ [pesimizm], **communisme** [kɔmynism] ~ [kɔmynizm], etc.

🎧 EXERCICE 10:

Répétez les mots suivants: [z] en position médiale et finale.

1. risée		3. rosée		5. bise		7. bouse
2. rusée		4. rasée		6. buse		8. base

🎧 EXERCICE 11:

Prononcez les mots suivants: Contraste [s] ≠ [z] en position initiale, médiale et finale.

1. zoo	sot		5. cousin	coussin
2. zèle	sel		6. lise	lisse
3. poison	poisson		7. ose	hausse
4. désert	dessert		8. buse	bus

13.8 Réalisation phonétique de /z/ en position finale ▼ ▼ ▼ ▼ ▼

En général, /z/ orthographié <z> n'est pas prononcé en position finale: **riz** [ʀi], **rez-de-chaussée** [ʀedʃose], **nez** [ne], etc. sauf dans les mots suivants:

gaz [gɑz]   fez [fɛz] (une sorte de chapeau)
Suez [sɥɛz]   Rodez [ʀɔdɛz] (noms de villes)

PRONONCIATION ET TRANSCRIPTION

🎧 EXERCICE 12:

Répétez les phrases suivantes et transcrivez-les.

1. Le lion est mort. Les zèbres et les gazelles sont aux anges.

   _____

2. Xavier adore les azalées roses.

   _____

3. Mon cousin a dix ans de plus que ma cousine.

   _____

4. Le mot «riz» a une terminaison en «z».

   _____

5. Est-ce que vous allez faire la bise à vos amies?

   _____

13.9 La fricative [ʃ] ▼

Production

[ʃ] est une FRICATIVE PALATALE SOURDE. Pour la production de [ʃ], le dos de la langue touche la partie antérieure du palais dur. Le passage de l'air est rétréci et produit un bruit de friction quand la consonne est relâchée. L'apprenant devra s'assurer de bien relâcher la consonne quand elle est prononcée en position finale.

Graphies correspondantes

Tableau 13.6: Les graphies de [ʃ]	
<ch>	**chien** [ʃjɛ̃], **achat** [aʃa], **vache** [vaʃ]
<sch>	**schéma** [ʃema], **schématiser** [ʃematize]*
<sh>	**shampooing** [ʃɑ̃pwɛ̃], **sherpa** [ʃɛʀpa]

* Le mot **schizophrène** (et mots dérivés: **schizophrénie**, etc.) se prononce [skizɔfʀɛn] (mots d'origine grecque).

RAPPEL:

<ch> se prononce [k] dans certains mots (dont beaucoup sont d'origine grecque): **chœur** [kœʀ], **orchestre** [ɔʀkɛstʀ], etc.

PRONONCIATION

🕮 EXERCICE 13:

Prononcez les mots suivants: [ʃ] en position initiale.

1. chat	3. chou	5. chez	7. chausse
2. champ	4. chaud	6. chasse	8. chance

🕮 EXERCICE 14:

Répétez les mots suivants: [ʃ] en position finale.

1. biche	3. bouche	5. cache	7. coche
2. bûche	4. bâche	6. quiche	8. couche

13.10 Réalisation phonétique de /ʃ/ en position finale ▼ ▼ ▼ ▼ ▼

/ʃ/ orthographié <ch> n'est pas prononcé en position finale absolue sauf dans les mots **sandwich** [sãdwitʃ] et **kirsch** [kiʀʃ] et dans les mots suivants où il est prononcé [k]:

Zurich [zyʀik]   Munich [mynik]   varech [vaʀɛk]

PRONONCIATION ET TRANSCRIPTION

☙ EXERCICE 15:

Répétez les phrases suivantes et transcrivez-les.

1. Il a laissé ses chaussures chez Serge.

   _____

2. Charles est parti chasser dans les champs.

   _____

3. Sachez que ce chanteur sait bien chanter.

   _____

4. Va chercher du haché chez le boucher.

   _____

5. Les chaussettes de l'archiduchesse sont-elles sèches?

   _____

13.11 La fricative [ʒ] ▼ ▼ ▼ ▼ ▼ ▼ ▼ ▼ ▼ ▼ ▼ ▼ ▼ ▼ ▼ ▼ ▼ ▼ ▼

Production

[ʒ] est une FRICATIVE PALATALE SONORE. Pour la production de [ʒ], les cordes vocales vibrent pendant que le dos de la langue touche la partie antérieure du palais dur. Le passage de l'air est rétréci et produit un bruit de friction en s'échappant. L'apprenant devra s'assurer de bien voiser la consonne afin de la différencier clairement de [ʃ] et de bien relâcher la consonne quand elle est prononcée en position finale.

Graphies correspondantes

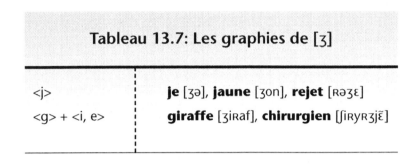

Tableau 13.7: Les graphies de [ʒ]	
\<j\>	**je** [ʒə], **jaune** [ʒon], **rejet** [ʀəʒɛ]
\<g\> + \<i, e\>	**giraffe** [ʒiʀaf], **chirurgien** [ʃiʀyʀʒjɛ̃]

RAPPEL:

1. \<g\> suivi des voyelles \<a, o, u\> correspond au son [g].

2. La graphie \<gg\> correspond au groupe consonantique [gʒ] devant [e] ou [ɛ]: **suggérer** [sygʒeʀe], **suggestion** [sygʒɛstjɔ̃], etc.

3. [ʒ] est dévoisé en position implosive devant une consonne sourde: **à jeter** [aʒ̊te].

PRONONCIATION

🕭 EXERCICE 16:

Répétez les mots suivants: [ʒ] en position initiale et finale.

1. jeu	3. geint	5. sage	7. songe
2. joue	4. gens	6. sauge	8. singe

🕭 EXERCICE 17:

Répétez les mots suivants: Contraste [ʒ] ≠ [ʃ] en position initiale et finale.

1. gens	champ	5. beige	bêche
2. joue	choux	6. sage	sache
3. Giens	chien	7. cage	cache
4. jatte	chatte	8. bouge	bouche

13.12 Réalisation phonétique de /ʒ/ en position finale ▼ ▼ ▼ ▼ ▼

/ʒ/ est représenté par la graphie <ge> en position finale absolue et il est donc toujours prononcé.

âge [ɑʒ]   gorge [gɔʁʒ]   potage [pɔtaʒ], etc.

PRONONCIATION ET TRANSCRIPTION

✎ EXERCICE 18:

Répétez les phrases suivantes et transcrivez-les.

1. Jean et Jeanine jouent sagement.

_____

2. Georges, sois gentil et range tes jouets.

_____

3. Les gens vont jaser si vous jugez ces jeunes gens injustement.

_____

4. Est-ce que cela vous dérange si j'ajoute le jus du gigot?

_____

5. Je vous dis que Jean-Jacques n'a jamais joué au javelot.

_____

CHAPITRE 14

Les nasales

14.1 La nasale [m] ▾

Production

[m] est une NASALE BILABIALE SONORE. Pour la production de [m], les deux lèvres sont en contact pendant que les cordes vocales vibrent. Le voile du palais est abaissé et une partie de l'air s'échappe par les cavités nasales ainsi que par la bouche quand les lèvres se séparent. L'apprenant devra s'assurer de ne pas anticiper l'articulation de cette consonne en position médiale, afin de ne pas nasaliser la voyelle précédente, et devra s'efforcer de bien relâcher la consonne en position finale.

Graphies correspondantes

Tableau 14.1: Les graphies de [m]

<m>	**mer** [mɛʀ], **amer** [amɛʀ], **même** [mɛm]
<mm>	**grammaire** [gʀam(m)ɛʀ], **immense** [im(m)ãs], **pomme** [pɔm]

RAPPEL:

<mm> est prononcé comme une consonne géminée par certains locuteurs (voir section 9.3 dans le chapitre 9). Comme il est difficile de prédire les cas où <mm> peut être prononcé comme une consonne géminée, bien que <mm> ne représente jamais une consonne géminée en position finale, nous conseillons à l'apprenant de prononcer une consonne simple pour toute graphie en <mm>.

REMARQUE:

En général, la graphie <mn> correspond au groupe consonantique [mn]: **amnésique** [amnezik], **amnistie** [amnisti], **calomnie** [kalɔmni], etc. sauf dans les mots **automne** [otɔn] (et mots dérivés) **damner** [dane] (et mots dérivés: **condamner** [kɔ̃dane], **condamnation** [kɔ̃danasjɔ̃], etc.).

♪ EXERCICE 1:

Répétez les mots suivants: [m] en position initiale et médiale.

1. mi	3. mot	5. ami	7. hameau
2. ma	4. mon	6. amas	8. amont

♪ EXERCICE 2:

Répétez les mots suivants: [m] en position finale.

1. somme	3. gomme	5. brime	7. brame
2. cime	4. gamme	6. brume	8. brème

14.2 Réalisation phonétique de /m/ en position finale ▼ ▼ ▼

En général, <m> n'est pas prononcé en position finale absolue: **parfum** [paʀfɛ̃], **essaim** [esɛ̃], **nom** [nɔ̃], etc. sauf dans les cas suivants:

1. <m> est prononcé dans la majorité des mots qui se terminent en <-um> (empruntés au latin):

      maximum [maksimɔm]   minimum [minimɔm]   album [albɔm], etc.

2. <m> est prononcé dans certains mots étrangers:

      rhum [ʀɔm]   Jérusalem [ʒeʀyzalɛm]   Amsterdam [amstɛʀdam], etc.

PRONONCIATION ET TRANSCRIPTION

♪ EXERCICE 3:

Répétez les phrases suivantes et transcrivez-les.

1. Même si tu me mens, je t'aimerai quand même.

    _____

2. Maman m'a emmené au cinéma.

    _____

3. Ma sœur veut se marier sous les mimosas.

    _____

4. C'est un morceau de mouton qui mijote dans la marmite?

    _____

5. Cet homme a une moustache magnifique.

    _____

14.3 La nasale [n] ▼

Production

[n] est une NASALE DENTALE SONORE. Pour la production de [n], les cordes vocales vibrent pendant que la pointe de la langue touche les dents supérieures (et non pas les alvéoles comme en anglais). Le voile du palais est abaissé et une partie de l'air s'échappe par la bouche et par les cavités nasales. Comme pour [m], l'apprenant devra s'assurer de ne pas anticiper la production de la consonne en position médiale et devra bien relâcher la consonne quand elle est prononcée en position finale.

Graphies correspondantes

Tableau 14.2: Les graphies de [n]	
<n>	**non** [nɔ̃], **âne** [ɑn], **aîné** [ene]
<nn>	**année** [ane], **panne** [pan], **sonne** [sɔn]*

* Certains locuteurs produisent une géminée dans certains mots en <nn>: **innombrable** [in(n)ɔ̃bʀabl], **inné** [in(n)e], etc. Nous conseillons à l'apprenant de prononcer une consonne simple pour toute graphie en <nn>.

PRONONCIATION

🕭 EXERCICE 4:

Répétez les mots suivants: [n] en position initiale et médiale.

1. nuée	3. ni	5. année	7. anis
2. nous	4. non	6. anneau	8. à nous

🕭 EXERCICE 5:

Répétez les mots suivants: [n] en position finale.

1. donne	3. dîne	5. nonne	7. sonne
2. damne	4. dune	6. naine	8. Seine

14.4 Réalisation phonétique de /n/ en position finale ▼ ▼ ▼ ▼

En général, <n> n'est pas prononcé en position finale absolue: **sain** [sɛ̃], **bon** [bɔ̃], **divin** [divɛ̃], etc. sauf dans certains mots empruntés au latin dont beaucoup se terminent en <-en>:

pollen [pɔlɛn]	abdomen [abdɔmɛn]	specimen [spesimɛn]
cyclamen [siklamɛn]	lichen [likɛn], etc.	

PRONONCIATION ET TRANSCRIPTION

♊ EXERCICE 6:

Répétez les phrases suivantes et transcrivez-les.

1. Nina nie ne pas savoir nager.

   _____

2. Jeanette a appris le norvégien en une année.

   _____

3. «n» est une consonne nasale sonore.

   _____

4. Mon notaire a attrapé une pneumonie le jour de ses noces.

   _____

5. Mon nigaud de neveu est très négligent.

   _____

14.5 La nasale [ɲ] ▼ ▼ ▼ ▼ ▼ ▼ ▼ ▼ ▼ ▼ ▼ ▼ ▼ ▼ ▼ ▼ ▼ ▼ ▼

Production

[ɲ] est une NASALE PALATALE SONORE. Pour la production de la consonne, la partie antérieure de la langue touche le palais dur. Les cordes vocales sont en vibration, le voile du palais est abaissé et une partie de l'air s'échappe par les cavités nasales et par la bouche. L'apprenant devra s'assurer de bien relâcher la consonne quand elle est prononcée en position finale.

REMARQUE:

Le son [ɲ] dans **peigner** [peɲe] diffère des sons [nj] dans **panier** [panje] dans la mesure où pour la production de [ɲ], la partie antérieure de la langue touche le palais dur tandis que pour la production de [nj], la partie antérieure de la langue ne touche le palais dur qu'au moment de la production de [j]. Du point de vue de la transcription phonétique, nous conseillons à l'apprenant d'utiliser le symbole [ɲ] quand il correspond au son représenté par la graphie <gn> et d'utiliser [nj] pour la graphie <ni> suivie d'une voyelle prononcée.

Graphies correspondantes

Tableau 14.3: Les graphies de [ɲ]	
<gn>	**peigne** [pɛɲ], **oignon** [ɔɲɔ̃], **magnifique** [maɲifik]

RAPPEL:

En général, <gn> se prononce [ɲ] en position initiale: **gnon** [ɲɔ̃], **gnangnan** [ɲɑ̃ɲɑ̃], **gnôle** [ɲol], **gnognote** [ɲɔɲɔt] (mots familiers), etc. et se prononce [gn] dans **gnome** [gnom]. En position médiale, <gn> se prononce [ɲ] en général: **Agnès** [aɲɛs], **agneau** [aɲo], **peigner** [peɲe], **soigner** [swaɲe], etc. Notez cependant que <gn> se prononce [gn] dans certains mots: **stagner** [stagne] (et mots dérivés), **diagnostic** [djagnɔstik], **magnum** [magnɔm], etc.

PRONONCIATION

🕮 EXERCICE 7:

Répétez les mots suivants: contraste [n] ≠ [ɲ] en position finale.

1. panne	pagne	5. Line	ligne
2. borne	borgne	6. plaine	plaignent
3. reine	règne	7. colonne	Cologne
4. peine	peigne	8. Seine	saignent

✑ EXERCICE 8:

Répétez les phrases suivantes et transcrivez-les.

1. Ce sera bon signe s'il se soigne.

   _____

2. Agnès a l'air très digne quand elle pêche à la ligne.

   _____

3. Ce vigneron a trouvé des champignons magnifiques.

   _____

4. As-tu vu les agneaux dans la montagne?

   _____

5. Il est parti à la campagne en Espagne.

   _____

14.6 La nasale [ŋ] ▼ ▼ ▼ ▼ ▼ ▼ ▼ ▼ ▼ ▼ ▼ ▼ ▼ ▼ ▼ ▼ ▼ ▼

[ŋ] est une NASALE VÉLAIRE SONORE. Cette consonne ne fait pas partie des sons du français mais elle est utilisée dans les mots en <-ing> empruntés à l'anglais: **smoking** [smɔkiŋ], **parking** [paʀkiŋ], **camping** [kãpiŋ], etc. sauf dans le mot **shampooing**: [ʃãpwɛ̃].

Révision 9

Les fricatives et les nasales

🜁 EXERCICE 1:

Dictée phonétique: transcrivez les phrases que vous entendez et indiquez l'intonation.

1. _____

2. _____

3. _____

4. _____

5. _____

EXERCICE 2:

Transcrivez les phrases suivantes et commentez la(les) lettres(s) en gras dans les mots soulignés.

1. Ce scélérat a mis mes beaux <u>alb**um**s</u> sur ce banc mouillé.

   _____

Vos commentaires:

_____

_____

2. Il est <u>vraisemblable</u> que tous les <u>albatros</u> sont partis pour l'hiver.

   _____

Vos commentaires:

_____

_____

3. Il a fait des <u>zigzags</u> en voiture pour éviter un <u>cerf-volant</u>.

_____

Vos commentaires:

_____

_____

4. Ce pauvre naïf a mal **<u>sc</u>ellé** la **<u>sculpture</u>**.

_____

Vos commentaires:

_____

_____

5. <u>Agnès</u> a trouvé de l'anis au <u>Texas</u>.

_____

Vos commentaires:

_____

_____

6. As-tu vu le faciès du <u>rhinocéros</u> quand il a attaqué les deux <u>boeufs</u>?

_____

Vos commentaires:

_____

_____

7. Je n'ai pas vu <u>tous</u> les animaux du zoo.

_____

Vos commentaires:

_____

_____

8. Il y a une odeur de <u>gaz</u> dans l'<u>entresol</u>.

_____

Vos commentaires:

_____

_____

9. Il n'a <u>plus</u> d'amis depuis cet <u>automne</u>.

_____

Vos commentaires:

_____

_____

10. Laissez-moi vous faire une <u>bise</u> pour ce beau <u>cyclamen</u>.

_____

Vos commentaires:

_____

_____

Révision 9

Corrigé

EXERCICE 1: Réponses

1. Il m'a acheté un beau saphir à Amsterdam.

   [ilmaaʃte ɛ̃bosafiʀ↗ aamstɛʀdam↘]

2. Elle a été condamnée pour avoir bu du rhum.

   [ɛlaetekɔ̃dane↗ puʀavwaʀby dyʀɔm↘]

3. J'ai horreur des orchidées en caoutchouc.

   [ʒeɔʀœʀ↗ dezɔʀkide ɑ̃kautʃu↘]

4. Tu t'es cassé la jambe en jonglant?

   [tytekase laʒɑ̃b ɑ̃ʒɔ̃glɑ̃↗]

5. Il y a un sherpa schématisé sur cette bouteille de shampooing.

   [ilja ɛ̃ʃɛʀpa ʃematize↗ syʀsɛtbutɛj dəʃɑ̃pwɛ̃↘]

EXERCICE 2: Réponses

1. Ce scélérat a mis mes beaux <u>album</u>s sur ce banc mouillé.

   [səseleʀa↗ ami mebozalbɔm↗ syʀsəbɑ̃muje↘]

   album: <um> se prononce [ɔm] ici car il s'agit d'un mot emprunté au latin.

2. Il est <u>vraisemblable</u> que tous les <u>albatros</u> sont partis pour l'hiver.

   [ilevʀe/ɛsɑ̃blabl↗ kətu lezalbatʀos↗ sɔ̃paʀti puʀlivɛʀ↘]

   vraisemblable: Bien que <s> se trouve entre deux voyelles, il est prononcé [s] ici car il est en position initiale de radical.
   albatros: Le <s> n'est normalement pas prononcé en position finale. Il s'agit ici d'une exception.

3. Il a fait des <u>zigzags</u> en voiture pour éviter un <u>cerf-volant</u>.

   [ilafɛ dezigzag ɑ̃vwatyʀ↗ puʀevite ɛ̃sɛʀvɔlɑ̃↘]

   zigzags: Il s'agit d'une exception ici. <g> final n'est normalement pas prononcé sauf dans certains mots étrangers.
   cerf-volant: Il s'agit d'une exception. <f> final est normalement prononcé.

4. Ce pauvre naïf a mal <u>scellé</u> la <u>sculpture</u>.

   [səpovʀənaif↗ amalsele laskyltyʀ↘]

   scellé, sculpture: <sc> se prononce [s] devant <e-, i>, <sc> se prononce [sk] devant les autres voyelles et devant une consonne.

5. <u>Agnès</u> a trouvé de l'anis au <u>Texas</u>.

   [aɲɛs atʀuve d(ə)lani(s)↗ otɛksas↘]

   Agnès: <gn> est normalement prononcé [ɲ] en position médiale.
   Texas: <s> n'est normalement pas prononcé en position finale. Il s'agit ici d'une exception (mot étranger).

6. As-tu vu le faciès du <u>rhinocéros</u> quand il a attaqué les deux <u>boeufs</u>?

   [atyvy l(ə)fasjɛs dyʀinɔseʀɔs↗ kɑ̃tilaatake ledøbø↗]

   rhinocéros: Il s'agit d'une autre exception (<s> final n'est normalement pas prononcé).
   boeufs: On ne prononce pas le <f> dans le pluriel de ce mot (opposition avec le singulier **boeuf** [bœf]).

7. Je n'ai pas vu <u>tous</u> les animaux du zoo.

   [ʒ(ə)nepavy tulezanimo dyzo↘]

   tous: Ici, le <s> n'est pas prononcé parce que **tous** est un adjectif.

8. Il y a une odeur de <u>gaz</u> dans l'<u>entresol</u>.

   [ilja ynodœʀdəgɑz↗ dɑ̃lɑ̃tʀəsɔl↘]

   gaz: Le <z> n'est normalement pas prononcé. Il s'agit ici d'une exception.
   entresol: Bien que <s> se trouve entre deux voyelles, il est prononcé [s] ici car il est en position initiale de radical.

9. Il n'a <u>plus</u> d'amis depuis cet <u>automne</u>.

   [ilnaplydami↗ dəpɥisɛtotɔn↘]

   plus: **plus** est négatif ici et il se trouve devant un mot qui commence par une consonne. Le <s> n'est donc pas prononcé.
   automne: Normalement, <mn> se prononce [mn]. Il s'agit ici d'une exception.

10. Laissez-moi vous faire une <u>bise</u> pour ce beau <u>cyclamen</u>.

    [lesemwa vufɛʀynbiz↗ puʀsəbosiklamɛn↘]

    bise: <s> se trouve entre deux voyelles et est donc prononcé [z].
    cyclamen: Normalement, <n> n'est pas prononcé en position finale. Il s'agit ici d'un mot emprunté au latin.

Révision 10

Révision générale:
Les voyelles et les consonnes

👂 EXERCICE 1:

Répétez les phrases suivantes.

1. Mon cousin a l'appendicite et ma cousine a une pneumonie.
2. Alexandre est tombé dans la Saône et s'y est noyé.
3. Il ne croit pas qu'il y a des noix qui tombent du toit.
4. Suppliez-le d'essuyer ses pieds sur le palier.
5. Ce malotru a fait des trous dans mon blouson.
6. Votre discours est sans intérêt.
7. Ce schizophrène sait chasser sans son chien.
8. Il est essentiel qu'il soit diplomatique.
9. La psychologue a changé un pneu sous la pluie.
10. Cette demoiselle pense acheter un parasol.
11. Tous ses enfants sont venus la voir.
12. Le danseur et la chanteuse ont créé une émeute.
13. Ces haricots secs n'ont pas un bel aspect.
14. Je vous remercie pour ce beau pardessus.
15. Cet enfant parle allemand couramment.
16. Jean et Jeanne étudient très rarement.
17. J'ai bien écouté ce que vous avez dit, mais je n'ai rien compris.
18. Il est au rez-de-chaussée, pas au deuxième étage.
19. Paule en est à sa huitième invention.
20. Elle aimerait avoir plus de temps libre.
21. As-tu mis de l'huile de noix dans la cuisson?
22. Il n'est plus gentil et il n'est plus aussi aimable.

23. Je n'arrive pas à écrire avec ce stylo feutre.

24. Mais si! Vas-y, au cinéma, puisque tu en as envie.

25. Il a réagi avec excès à son accident au Mexique.

26. Je n'ai aucun souvenir de ce dessin.

27. Cette jeune fille adore manger en ville.

28. Ma sœur a trente-neuf ans et neuf enfants.

29. Il n'a pas rangé les onze yaourts que je lui ai offerts.

30. Son pain est franchement bon et très peu cher.

Exercice 2:

Maintenant, prononcez les phrases de l'exercice 1 d'après le modèle donné dans la transcription.

1. Mon cousin a l'appendicite et ma cousine a une pneumonie.

   [mɔ̃kuzɛ̃ alapɛ̃disit↗ emakuzin aynpnømoni↘]

2. Alexandre est tombé dans la Saône et s'y est noyé.

   [alɛksɑ̃dʀ etɔ̃be dɑ̃lason↗ esienwaje↘]

3. Il ne croit pas qu'il y a des noix qui tombent du toit.

   [ilnəkʀwapa↗ kiljadenwa↗ kitɔ̃bdytwa↘]

4. Suppliez-le d'essuyer ses pieds sur le palier.

   [syplijelə desɥijesepje↗ syʀləpalje↘]

5. Ce malotru a fait des trous dans mon blouson.

   [s(ə)malotʀy↗ afɛdetʀu↗ dɑ̃mɔ̃bluzɔ̃↘]

6. Votre discours est sans intérêt.

   [vɔtʀədiskuʀ esɑ̃zɛ̃teʀɛ↘]

7. Ce schizophrène sait chasser sans son chien.

   [səskizɔfʀɛn↗ sɛʃase sɑ̃sɔ̃ʃjɛ̃↘]

8. Il est essentiel qu'il soit diplomatique.

   [ile(t)esɑ̃sjɛl↗ kilswadiplɔmatik↘]

9. La psychologue a changé un pneu sous la pluie.

   [lapsikɔlɔg aʃɑ̃ʒeɛ̃pnø↗ sulaplɥi↘]

10. Cette demoiselle pense acheter un parasol.

    [sɛtdəmwazɛl↗ pɑ̃saʃte ɛ̃paʀasɔl↘]

11. Tous ses enfants sont venus la voir.

    [tusezɑ̃fɑ̃↗ sɔ̃v(ə)nylavwaʀ↘]

12. Le danseur et la chanteuse ont créé une émeute.

    [lədɑ̃sœʀ elaʃɑ̃tøz↗ ɔ̃kʀee ynemøt↘]

13. Ces haricots secs n'ont pas un bel aspect.

    [seaʀikosɛk↗ nɔ̃paɛ̃bɛlaspɛ↘]

14. Je vous remercie pour ce beau pardessus.

    [ʒ(ə)vuʀ(ə)mɛrsi↗ puʀsəbopardəsy↘]

15. Cet enfant parle allemand couramment.

    [sɛtɑ̃fɑ̃ paʀlalmɑ̃↗ kuʀamɑ̃↘]

16. Jean et Jeanne étudient très rarement.

[ʒɑ̃eʒan↗ etydi tʀɛʀaʀmɑ̃↘]

17. J'ai bien écouté ce que vous avez dit mais, je n'ai rien compris.

[ʒebjɛ̃ekute↗ skəvuzavedi↗ mɛʒneʀjɛ̃kɔ̃pʀi↘]

18. Il est au rez-de-chaussée, pas au deuxième étage.

[ileoʀedʃose↗ paodøzjɛmetaʒ↘]

19. Paule en est à sa huitième invention.

[polɑ̃ne↗ asɥitjɛmɛ̃vɑ̃sjɔ̃↘]

20. Elle aimerait avoir plus de temps libre.

[ɛlɛmʀeavwaʀ↗ plysdətɑ̃libʀ↘]

21. As-tu mis de l'huile de noix dans la cuisson?

[atymi d(ə)lɥildənwa↗ dɑ̃lakɥisɔ̃↗]

22. Il n'est plus gentil et il n'est plus aussi aimable.

[ilneplyʒɑ̃ti↗ eilneply(z)osiemabl↘]

23. Je n'arrive pas à écrire avec ce stylo feutre.

[ʒ(ə)naʀivpa aekʀiʀ↗ avɛksəstiloføtʀ↘]

24. Mais si! Vas-y, au cinéma, puisque tu en as envie.

[mesi↘ vazi osinema↘ pɥiskətyɑ̃naɑ̃vi↘]

25. Il a réagi avec excès à son accident au Mexique.

[ilaʀeaʒi avɛkɛksɛ↗ asɔ̃naksidɑ̃↗ ome/ɛksik↘]

26. Je n'ai aucun souvenir de ce dessin.

[ʒ(ə)ne okɛ̃suvniʀ dəs(ə)desɛ̃↘]

27. Cette jeune fille adore manger en ville.

[sɛtʒœnfij↗ adɔʀmɑ̃ʒe ɑ̃vil↘]

28. Ma sœur a trente-neuf ans et neuf enfants.

[masœʀ atʀɑ̃tnœvɑ̃↗ enœfɑ̃fɑ̃↘]

29. Il n'a pas rangé les onze yaourts que je lui ai offerts.

[ilnapaʀɑ̃ʒe leɔ̃zjauʀ(t)↗ kəʒ(ə)lɥieɔfɛʀ↘]

30. Son pain est franchement bon et très peu cher.

[sɔ̃pɛ̃ efʀɑ̃ʃmɑ̃bɔ̃↗ etʀɛpøʃɛʀ↘]

EXERCICE 3:

Dictée phonétique: transcrivez les phrases que vous entendez et indiquez l'intonation.

1. _____

2. _____

3. _____

4. _____

5. _____

6. _____

7. _____

8. _____

9. _____

10. _____

EXERCICE 4:

Transcrivez les phrases suivantes et discutez chaque voyelle médiale.

1. Es-tu heureux, mon trésor?

_____

Vos commentaires:

_____

_____

2. La grosse bête hargneuse voulait harceler le petit écureuil.

_____

Vos commentaires:

_____

_____

3. Elle a supplié son valet de porter des couleurs neutres.

_____

Vos commentaires:

_____

_____

4. Comment osez-vous lui donner une théière si ordinaire?

_____

Vos commentaires:

_____

_____

5. Paule n'a pas l'air très peureuse.

_____

Vos commentaires:

_____

_____

6. Quelle bêtise allez-vous faire?

_____

Vos commentaires:

_____

_____

EXERCICE 5:

Transcrivez les phrases suivantes et discutez le jeu du <e> «muet».

1. Tu crois qu'il le dira?

_____

Vos commentaires:

_____

_____

2. Gardez-le avec soin.

_____

Vos commentaires:

_____

_____

3. Pourquoi est-ce que ça te dérange? Parce que!

_____

Vos commentaires:

_____

_____

4. Qu'est-ce que tu as fait du porte-manteau?

_____

Vos commentaires:

_____

_____

5. Ne le perds pas! C'est tout ce que je te demande.

_____

Vos commentaires:

_____

_____

6. Qu'est-ce que le garde-côte fait avec cette hache dans mon atelier?

_____

Vos commentaires:

_____

_____

EXERCICE 6:

Transcrivez les phrases suivantes et discutez les liaisons et les enchaînements. Marquez les enchaînements avec le symbole →, les liaisons obligatoires avec le symbole ‿, les liaisons facultatives (uniquement celles faites dans le style soigné) avec le symbole (‿) et les liaisons interdites avec le symbole //. Discutez également chaque cas de liaison.

1. C'est son album à elle.

_____

Vos commentaires:

_____

_____

2. Les nouveaux arrivants ont l'air intéressant.

_____

Vos commentaires:

_____

_____

3. Manges-en des haricots!

_____

Vos commentaires:

_____

_____

4. Il nettoie la maison petit à petit.

_____

Vos commentaires:

_____

_____

5. Oui, bel amour aux beaux yeux, nous partirons ensemble.

_____

Vos commentaires:

_____

_____

6. Vous avez vu comment il est tombé quand il est allé danser sans elle?

_____

Vos commentaires:

_____

_____

7. En attendant, il est bien aimable.

_____

Vos commentaires:

_____

_____

EXERCICE 7:

Transcrivez les phrases suivantes et expliquez chaque cas où la graphie peut poser des problèmes.

1. Ton gâteau est **imm**angeable.

_____

Vos commentaires:

_____

_____

2. Nous avons reçu un <u>accueil</u> chaleureux.

_____

Vos commentaires:

_____

_____

3. Où as-tu mis mon <u>chr</u>onomètre?

_____

Vos commentaires:

_____

_____

4. Ce goinfre exhubérant a des techniques <u>invraisemblables</u>.

_____

Vos commentaires:

_____

_____

5. Je lui ai accordé qu'à l'<u>ouest</u>, il n'y avait rien de nouveau.

_____

Vos commentaires:

_____

_____

Révision 10

Corrigé

EXERCICE 3: Réponses

1. La psychologue ne s'améliorera jamais. Elle fait toujours des fautes de frappe.

   [lapsikɔlɔɡ↗ nəsameljɔʀʀa ʒamɛ↘ ɛlfɛtuʒuʀ defotdəfʀap↘]

2. «Jean et Jeanne chantent une vieille chanson indienne.» (Malécot: 1977)

   [ʒɑ̃eʒan↗ ʃɑ̃t ynvjɛjʃɑ̃sɔ̃ɛ̃djɛn↘]

3. Elle est cruelle, paresseuse et peu instruite.

   [ɛlekʀyɛl↗ paʀesøz↗ epøɛ̃stʀɥit↘]

4. Marc aime beaucoup boire du chianti, il pense que ça fait chic.

   [maʀk ɛmboku↗ bwaʀdykjɑ̃ti↗ ilpɑ̃s kəsafɛʃik↘]

5. La quantité d'huile que vous avez mise dans cette vinaigrette est plutôt fluette.

   [lakɑ̃titedɥil kəvuzavemiz↗ dɑ̃sɛtvinɛɡʀɛt↗ eplytoflyɛt↘]

6. Elle a voulu faire du camping, mais il a plu toute la semaine.

   [ɛlavuly fɛʀdykɑ̃piŋ↗ meilaply tutlasmɛn↘]

7. J'ai horreur des boissons gazeuses.

   [ʒeɔʀœʀ↗ debwasɔ̃ɡazøz↘]

8. Qu'est-ce que tu veux que je fasse avec cet os de poulet?

   [kɛskətyvø kəʒ(ə)fas↘ avɛksɛtɔsdəpulɛ↘]

9. Elle a un beau tablier noir qui luit au soleil.

   [ɛla ɛ̃botablijenwaʀ↗ kilɥiosɔlɛj↘]

10. Ils ont tout pour être heureux. De quoi se plaignent-ils?

    [ilzɔ̃tu puʀɛtʀøʀø↘ dəkwas(ə)plɛɲ(ə)til↘]

EXERCICE 4: Réponses

1. Es-tu heureux, mon trésor?

   [etyøʀø↗ mɔ̃tʀezɔʀ↗]

   es: La prononciation [e] suit la structure syllabique. [ɛ], qui ne suit pas la structure syllabique, est également possible (standard parisien).
   heureux: La prononciation de la première et la deuxième voyelle suit la structure syllabique. On pourrait aussi avoir [œ] dans la première syllabe, par analogie avec **heur** (**bonheur/malheur**).
   trésor: La distribution des deux voyelles suit la structure syllabique.

2. La grosse bête hargneuse voulait harceler le petit écureuil.

   [lagʀosbɛt aʀɲøz↗ vulɛaʀsəle ləpətitekyʀœj↘]

   grosse: La structure syllabique n'est pas respectée, mais analogie avec **gros**.
   bête: La structure syllabique est respectée.
   hargneuse: La structure syllabique n'est pas respectée, mais la voyelle médiale se trouve devant [z].
   voulait: La voyelle [ɛ] se trouve en syllabe ouverte, mais il s'agit de l'imparfait.
   harceler: La structure syllabique est respectée.
   écureuil: [e] suit la structure syllabique (syllabe ouverte), [œ] suit également la structure syllabique (syllabe fermée).

3. Elle a supplié son valet de porter des couleurs neutres.

   [ɛlasyplije sɔ̃valɛ↗ dəpɔʀte dekulœʀnøtʀ]

   elle: La prononciation suit la structure syllabique (syllabe fermée, voyelle ouverte).
   supplié: [e] suit la structure syllabique. Notez que <ié> se prononce [ije] dans **supplié** car la syllabe où la semi-voyelle [j] se trouve commence par deux consonnes.
   valet: [ɛ] ne suit pas la structure syllabique, mais est possible en standard parisien. [e] est également possible.
   porter: Les deux voyelles suivent la structure syllabique.
   des: [e] se trouve en syllabe ouverte et suit la structure syllabique.
   couleurs: La structure syllabique est respectée (voyelle ouverte, syllabe fermée).
   neutres: [ø] ne suit pas la structure syllabique, mais est la seule voyelle acceptable devant [t] ou [tʀ].

4. Comment osez-vous lui donner une théière si ordinaire?

   [kɔmɑ̃ ozevu↘ lɥidɔne yntejɛʀ siɔʀdinɛʀ↘]

   comment: [o] et [ɔ] sont possibles. [ɔ] ne suit pas la structure syllabique, mais est utilisé en français standard.
   osez: Devant [z], seul [o] est acceptable, [e] suit la structure syllabique.
   donner: [ɔ] ne suit pas la structure syllabique, mais standard parisien; [o] est possible. [e] suit la structure syllabique.
   théière: Les deux voyelles suivent la structure syllabique. Dans le cas de la première voyelle, on peut aussi utiliser [ɛ] par anticipation de la voyelle accentuée: assimilation (harmonie vocalique).
   ordinaire: Les deux voyelles suivent la structure syllabique.

5. Paule n'a pas l'air très peureuse.

   [pol⁄ napalɛʀ tʀɛpøʀøz⁊]

   Paule: [o] ne suit pas la structure syllabique, mais opposition phonémique avec **Paul**.
   l'air: [ɛ] suit la structure syllabique.
   très: [ɛ] ne suit pas la structure syllabique, mais standard parisien; [e] est possible.
   peureuse: La première voyelle suit la structure syllabique, [œ] est possible par analogie avec **peur**. La deuxième voyelle ne suit pas la structure syllabique, mais se trouve devant [z].

6. Quelle bêtise allez-vous faire?

   [kɛlbetiz alevufɛʀ⁊]

   quelle: La voyelle suit la structure syllabique.
   bêtise: La voyelle suit la structure syllabique; [ɛ] est possible par analogie avec **bête**.
   allez: La voyelle suit la structure syllabique.
   faire: La syllabe est fermée, donc la voyelle est ouverte (suit la structure syllabique).

EXERCICE 5: Réponses

1. Tu crois qu'il le dira?

   [tykʀwa killədiʀa↗]

   il le dira: Le <e> reste car il est précédé de deux consonnes et suivi d'une troisième.

2. Gardez-le avec soin.

   [gaʀdelə↗ avɛkswɛ̃↘]

   Gardez-le: Le <e> reste car il se trouve dans un pronom postposé.

3. Pourquoi est-ce que ça te dérange? Parce que!

   [puʀkwa ɛskəsatdeʀɑ̃ʒ↘ paʀskə↘]

   est-ce que: Le <e> de **ce** tombe car il est précédé d'une seule consonne. Le <e> de **que** reste après deux consonnes et devant une troisième.
   ça te: le <e> tombe car il est précédé d'une seule consonne.
   Parce que: Le <e> de **que** reste parce qu'il est accentué.

4. Qu'est-ce que tu as fait du porte-manteau?

   [kɛskətyafɛ dypɔʀtmɑ̃to↘]

   Qu'est-ce que: Le <e> de **ce** tombe car il est précédé d'une seule consonne, le <e> de **que** reste après deux consonnes et devant une troisième.
   porte-manteau: le <e> de **porte** tombe car il s'agit d'un mot composé dont le deuxième a plus d'une syllabe.

5. Ne le perds pas! C'est tout ce que je te demande.

   [nəlpɛʀpa↗ setuskəʒtədmɑ̃d↘]

   Ne le perds pas: Dans une série de <e> contigus, le premier reste et le deuxième tombe sauf si le deuxième est précédé d'une consonne forte. Ce n'est pas le cas dans **ne le**, donc le premier <e> reste et le deuxième tombe.
   ce que je te: dans **ce que** et **je te**, le deuxième <e> est précédé d'une consonne forte ([k] et [t]), donc c'est le premier <e> qui tombe (notez le dévoisement du [ʒ] devant [t]).
   demande: Le <e> tombe après une seule consonne.

6. Qu'est-ce que le garde-côte fait avec cette hache dans mon atelier?

   [kɛskəlgaʀdəkot↘ fɛavɛksɛtəaʃ↘ dɑ̃mɔ̃natəlje↘]

   Qu'est-ce que: Le <e> de **ce** tombe après une consonne, le <e> de **que** reste après deux consonnes et devant une troisième.
   le garde-côte: Le <e> de **le** tombe après une consonne. Le <e> de **garde** reste, bien qu'il soit en position finale, car il s'agit d'un mot composé dont le deuxième est monosyllabique. Le <e> de **côte** tombe en position finale après une consonne.
   cette: Le <e> reste devant un <h> «aspiré».
   atelier: Le <e> reste devant le groupe [lj].

EXERCICE 6: Réponses

1. C'est son‿album→ à elle.

   [sesɔ̃nalbɔm aɛl↘]

   La liaison est obligatoire entre **son** et **album** (déterminant + nom) et il y a un enchaînement entre **album** et **à**.

2. Les nouveaux‿arrivants ont l'air→intéressant.

   [lenuvozaʀivɑ̃↗ ɔ̃lɛʀɛ̃teʀesɑ̃↘]

   Il y a une liaison obligatoire entre **nouveaux** et **arrivants** (adjectif + nom) et un enchaînement entre **air** et **intéressant**.

3. Manges‿en des//haricots!

   [mɑ̃ʒɑ̃↗ deaʀiko↘]

   La liaison est obligatoire entre **manges** et **en** (verbe + pronom). Elle est interdite entre **des** et **haricots** (<h> «aspiré»).

4. Il nettoie la maison petit‿à petit.

   [ilnetwalamezɔ̃↗ pətitapti↘]

   La liaison est obligatoire dans **petit à petit** (groupe figé).

5. Oui, bel→amour→aux beaux‿yeux, nous partirons(‿)ensemble.

   [wi↗ bɛlamuʀ obozjø↗ nupaʀtiʀɔ̃ ɑ̃sɑ̃bl↘]

   Il y a un enchaînement entre **bel** et **amour**, et entre **amour** et **aux**. Il y a une liaison obligatoire entre **beaux** et **yeux** et il pourrait y avoir une liaison facultative (niveau très soigné) entre **partirons** et **ensemble**.

6. Vous‿avez vu comment//il→est tombé quand‿il→est(‿)allé danser sans‿elle?

   [vuzavevy↗ kɔmɑ̃ iletɔ̃be↘ kɑ̃tile(t)aledɑ̃se sɑ̃zɛl↘]

   La liaison est obligatoire entre **vous** et **avez** (pronom sujet + verbe) et la liaison est interdite après **comment**. Il y un enchaînement entre **il** et **est**. La liaison est obligatoire après **quand** (conjonction de temps) et elle est facultative après **est**. La liaison est obligatoire entre **sans** (préposition monosyllabique) et **elle**.

7. En‿attendant, il→est bien‿aimable.

   [ɑ̃natɑ̃dɑ̃↗ ilebjɛ̃nemabl↘]

   La liaison est obligatoire entre **en** (préposition monosyllabique) et **attendant**. Il y a un enchaînement entre **il** et **est** et une liaison obligatoire entre **bien** (adverbe monosyllabique) et **aimable**.

EXERCICE 7: Réponses

1. Tõn gâteau est **imm**angeable.

   [tɔ̃gɑto↗ e(t)ɛ̃mɑ̃ʒablↃ]

   immangeable: En principe, <imm-> se prononce [im]. La prononciation [ɛ̃] est une exception. Cependant, la prononciation [im] serait acceptable dans le cas de ce mot.

2. Nous avons reçu un <u>accueil</u> chaleureux.

   [nuzavɔ̃ʀ(ə)sy↗ ɛ̃nakœjʃaløʀø↘]

   accueil: <cc> se prononce [ks] devant <e-, i> (**accès, accident**) et [k] ailleurs (comme dans **accueil**). Notez que la graphie <ue> est exceptionnelle (les lettres sont inversées pour garder le son [k]).

3. Où as-tu mis mon <u>chronomètre</u>?

   [ɥatymi mɔ̃kʀɔnɔmɛtʀↃ]

   chronomètre: <ch> se prononce normalement [ʃ]. Ici, il s'agit d'un mot d'origine grecque.

4. Ce goinfre exhubérant a des techniques <u>invraisemblables</u>.

   [səgwɛ̃fʀ ɛgzybeʀɑ̃↗ adetɛknik ɛ̃vʀe/ɛsɑ̃blablↃ]

   invraisemblables: <s> est prononcé [s] ici, au lieu de [z], car il se trouve au début du radical d'un mot composé.

5. Je lui ai accordé qu'à l'<u>ouest</u>, il n'y avait rien de nouveau.

   [ʒ(ə)lɥieakɔʀde kalwɛst↗ ilnjavɛʀjɛ̃ d(ə)nuvo↘]

   ouest: Le <t> final n'est normalement pas prononcé. Ici, il s'agit d'une exception (mots monosyllabiques comme **est, ouest, zut, chut**, etc.).

Bibliographie

Bourciez, Edouard, et Jean Bourciez. 1967. *Phonétique française: Etude historique.* Paris: Klincksieck.

Dansereau, Diane. 1990. *Savoir dire: Cours de phonétique et de prononciation.* Lexington, MA: D.C. Heath.

Dehyme, Guiti. 1967. Enquête sur la phonologie du français contemporain. *La Linguistique*, 1: 97–108 et *La Linguistique*, 2: 57–84.

Delattre, Pierre. 1951. *Principes de phonétique française à l'usage des étudiants anglo-américains.* Middlebury, VT: Middlebury College.

Duménil, Annie. 1990. Mid Vowels and Mute e: A Discussion of Phonological Variations in French. *Polylingua*, 1.1: 45–57.

Encrevé, Pierre. 1988. *La liaison avec et sans enchaînement. Phonologie tridimensionnelle et usages du français.* Paris: Le Seuil.

Fónagy, Ivan. 1989. Le français change de visage? *Revue Romane*, 24.2: 225–254.

Hirst, Daniel, et Albert Di Cristo. 1998. *Intonation Systems: A Survey of Twenty Languages.* Cambridge: Cambridge University Press.

Houdebine, Anne-Marie. 1979. L'opposition d'aperture /e/ ~ /ɛ/ en français contemporain. *La Linguistique*, 15.1: 111–125.

Léon, Monique. 1984. «Erreurs et normalisation: Les liaisons fautives en français contemporain». *Revue de Phonétique Appliquée*, 69: 1–10.

Léon, Pierre. 1992. *Phonétisme et prononciations du français.* Paris: Nathan.

Léon, Pierre, Parth Bhatt et Renée Baligand. 1992. *Structure du français moderne.* Toronto: Canadian Scholars' Press.

Malécot, André. 1977. *Introduction à la phonétique française.* The Hague: Mouton.

Martinet, André. 1945. *La Prononciation du français contemporain. Témoignages recueillis en 1941 dans un camp d'officiers prisonniers.* Paris: Droz, 2e éd.

Martinet, André et Henriette Walter. 1973. *Dictionnaire de la prononciation française dans son usage réel.* Paris: Expansion.

Morin, Yves-Charles. 1990. «La Prononciation de [t] après **quand**». *Lingvisticae Investigationes*, XIV, 1: 175–189.

Rossi, Mario, Albert Di Cristo, Daniel Hirst, Philippe Martin, et Yukihiro Nishinuma. 1981. *L'Intonation: De l'acoustique à la sémantique.* Paris: Klincksieck.

Tranel, Bernard. 1987. *The Sounds of French: An Introduction*. Cambridge: Cambridge University Press.

Valdman, Albert. 1993. *Bien entendu! Introduction à la prononciation française*. Englewood Cliffs, N.J.: Prentice Hall

Walter, Henriette. 1977. *La Phonologie du français*. Paris: Presses Universitaires de la France.

_____. 1982. *Enquête phonologique et variétés régionales du français*. Paris: Presses Universitaires de la France.

_____. 1988. *Le Français dans tous les sens*. Paris: Robert Laffont.

Glossaire

A

accentuation: un phénomène prosodique par lequel certaines syllabes sont prononcées avec plus de force articulatoire (comme dans le cas de l'anglais) que d'autres, ou dont la durée est plus longue (comme dans le cas du français). En français, la dernière syllabe d'un mot est toujours accentuée.

alvéoles: le tissu bombé et charnu derrière les dents supérieures.

alvéolaire: quand une consonne est articulée avec la pointe ou le dos de la langue contre les alvéoles. Par exemple, [s] est une consonne alvéolaire.

analogie: quand la prononciation d'un mot est influencée par un autre mot qui a le même radical. Ainsi, **peureux** peut être prononcé [pœRø] par analogie avec le mot **peur** [pœR].

antérieure: quand l'articulation d'un son se situe vers l'avant de la cavité buccale. Par exemple, [e] est une voyelle antérieure.

aperture: la distance plus ou moins grande entre le dos de la langue et le palais. Ainsi, [i] est une voyelle fermée, [e] est une voyelle mi-fermée, [ɛ] est une voyelle mi-ouverte et [a] est une voyelle ouverte.

arrondie: quand les lèvres sont arrondies pour la production d'une voyelle. Par exemple, [o] est une voyelle arrondie.

aspiration: quand une petite explosion d'air se produit après le relâchement d'une consonne occlusive sourde. En anglais, [p] est aspiré dans le mot *pat*. En français, il n'existe pas de consonnes aspirées.

assimilation: quand la prononciation d'un son est influencée par un autre son. L'assimilation peut être vocalique (voir **harmonie vocalique**), ou consonantique. Ainsi, dans le mot **absolu** en français, le [b] (une consonne sonore) est dévoisé au contact du [s] (une consonne sourde). Dans le mot *looked* en anglais, le [d] (une consonne sonore) est dévoisé au contact du [k] (une consonne sourde).

B

bilabiale: quand une consonne est articulée avec la participation des deux lèvres. Par exemple, [m] est une consonne bilabiale.

C

coupe syllabique (voir **syllabation**): la division d'un énoncé en syllabes. Ainsi, le mot **vendredi** a trois syllabes: **$ven $dre $di** (trois syllabes ouvertes) et le mot **merci** a deux syllabes: une syllabe fermée (**$mer**) et une syllabe ouverte (**$ci**).

D

dénasalisation: quand une voyelle nasale devient orale. Par exemple, la nasale [ɔ̃] dans **bon** se dénasalise en [ɔ] sous l'effet de la liaison dans **bon‿ami** [bɔnami].

dentale: quand le lieu d'articulation d'une consonne se situe au niveau des dents supérieures. Par exemple, [t] est une consonne dentale.

détente: la phase finale du relâchement d'une consonne. En français, la détente de l'occlusive [p] dans **soupe** est beaucoup plus forte qu'en anglais dans le mot *soup*.

dévoisement: quand une consonne sonore perd de sa sonorité. Par exemple, [d] devient [t] dans la liaison. Voir aussi l'assimilation et le dévoisement au contact d'une consonne sourde.

distribution: l'ensemble des positions dans lesquelles un son peut apparaître. Ainsi, la semi-voyelle [w] peut apparaître en position initiale ou médiale de mot uniquement: **oui** [wi], **trois** [tʀwa], tandis que la semi-voyelle [j] peut apparaître en position initiale, médiale et finale de mot: **iode** [jɔd], **souriez** [suʀje], **fille** [fij].

distribution complémentaire: quand deux sons apparaissent dans des environnements qui s'excluent mutuellement. Ainsi, en français méridional, [o] n'apparaît que dans des syllabes ouvertes et [ɔ] n'apparaît que dans des syllabes fermées.

E

écartées: quand les lèvres sont étirées horizontalement pour la production d'un son. Par exemple, [e] est une voyelle écartée.

élision: quand une voyelle finale disparaît devant une voyelle initiale ou un <h> «muet»: **l'amie, l'homme.**

enchaînement: quand un son est lié dans la prononciation à celui qui le suit. Ainsi, dans **avec elle**, le son [k] s'enchaîne avec la voyelle suivante: [a vɛ kɛl]

explosive: quand la phase finale de la production d'une consonne occlusive est plus importante que sa phase implosive (la mise en place des organes pour la production de la consonne). Par exemple, dans **obtenir**, la consonne [t] est en position explosive.

F

fermée: en référence à une voyelle, quand le degré d'aperture pour la production du son est relativement petit. Par exemple, [i] est une voyelle fermée.

fricative: quand une consonne est produite avec un bruit de friction lors du resserrement du passage de l'air pendant la production de la consonne. Par exemple, [s] est une fricative.

G

géminée: quand une consonne est double dans la prononciation. Ainsi, dans **grande dame**, la consonne [d] est prononcée deux fois de suite: [gʀɑ̃ddam].

graphème: une lettre écrite. Par exemple, le graphème <c> correspond au son [k] dans le mot **cou.**

groupe intonatif: un groupe de syllabes qui coïncide avec un groupe rythmique dans la mesure où le ton de la voix monte ou descend légèrement sur la syllabe accentuée du groupe rythmique.

groupe rythmique: un groupe de syllabes de force relativement égale et dont la dernière est plus longue. Un groupe rythmique est composé de trois ou quatre syllabes en moyenne.

H

harmonie vocalique (voir **assimilation**): l'influence à distance d'un son sur un autre. Ainsi, dans **ils préfèrent**, la voyelle mi-fermée [e] dans la première syllabe s'harmonise avec la voyelle ouverte de la syllabe accentuée et est prononcée [ɛ]: [ilpʀɛfɛʀ].

I

implosive: quand la phase initiale d'une consonne occlusive (la mise en place des organes) est plus importante que sa phase explosive. Ainsi, dans **obtus**, [b] est en position implosive.

intonation: la courbe mélodique de la chaîne parlée qui permet, par exemple, aux interlocuteurs de reconnaître une question (**elle part↗**) ou une déclaration (**elle part↘**). Dans cet exemple, l'énoncé **elle part** constitue une unité intonative.

L

labio-dentale: une consonne formée par le contact de la lèvre inférieure avec les incisives supérieures. Par exemple, [v] est une consonne labio-dentale.

liaison: une sorte d'enchaînement entre une consonne finale qui n'est normalement pas prononcée et la voyelle du mot suivant. Ainsi, <s> dans **mes** n'est pas prononcé dans **mes filles** [mefij], mais est prononcé dans **mes‿amis** [mezami].

liquide: en référence aux consonnes [l] et [ʀ] qui produisent une impression de fluidité au point de vue auditif.

luette (ou **uvule**): la partie charnue du prolongement du voile du palais.

M

monosyllabique: qui ne contient qu'une seule syllabe. Par exemple, le mot **sur** est monosyllabique.

N

nasale: un son est nasal quand la luette s'abaisse et permet à l'air des poumons de passer à la fois par la cavité buccale et la cavité nasale. Par exemple, [m] est une consonne nasale et [ã] est une voyelle nasale.

nasalisé: quand un son est produit avec un léger abaissement du voile du palais. En anglais, par exemple, les voyelles sont nasalisées devant une consonne nasale en syllabe fermée. Ainsi, dans le mot *can* en anglais, la voyelle est nasalisée.

O

occlusive: une consonne produite avec une fermeture momentanée du passage de l'air dans la cavité buccale. Par exemple, [t] est une occlusive.

orale: un son est oral quand la luette est relevée et l'air des poumons passe uniquement par la cavité buccale. [i] est une voyelle orale, [s] est une consonne orale.

ouverte: en référence à une voyelle, qualifie une voyelle pour laquelle l'aperture est relativement grande. [a] est une voyelle ouverte.

P

paire minimale: quand deux mots ne diffèrent que par un seul son. Ainsi, en français les mots **mère** [mɛʀ] et **terre** [tɛʀ] constituent une paire minimale. En anglais, les mots *bat* et *cat* constituent une paire minimale.

palais: la cloison supérieure de la cavité buccale. Le **palais dur** est la partie antérieure du palais. Le **palais mou** est la partie postérieure qui prolonge le palais dur.

palatale: quand l'articulation d'une consonne est réalisée au niveau du palais dur. Par exemple, [ʃ] est une consonne palatale.

phonème: une unité (abstraite) de son qui a une valeur distinctive. Les phonèmes sont mis en évidence par des paires minimales. Ainsi, la paire minimale **sourd** [suʀ] et **lourd** [luʀ] indique que les sons [s] et [ʀ] sont des phonèmes parce que la substitution d'un son à un autre change le sens du mot.

postérieure: quand l'articulation d'une voyelle se situe vers l'arrière de la cavité buccale. Par exemple, [o] est une voyelle postérieure.

prosodie: ce terme regroupe des phénomènes tels que l'accentuation, le rythme et l'intonation.

R

rythme: quand on parle de la perception liée à l'accentuation. Ainsi, dans un énoncé, la récurrence de groupes de syllabes dont la dernière est accentuée donne au français un rythme syllabique.

S

semi-voyelle: appelée aussi **semi-consonne.** Ces sons ([j, ɥ, w] en français) se rapprochent des voyelles ([i, y, u]) par leur point d'articulation, mais le passage de l'air est plus étroit entre la langue et le palais que pour les voyelles correspondantes et produit un bruit de frottement. Comme les consonnes, les semi-voyelles ne peuvent pas constituer le centre d'une syllabe à elles seules.

sonore (ou **voisé**): quand l'articulation d'un son est accompagnée de vibrations des cordes vocales. En français, toutes les consonnes sont sonores sauf [p, t, k] et [f, s, ʃ]. Toutes les voyelles sont sonores.

sourd (ou **non voisé**): quand l'articulation d'un son n'est pas accompagnée de vibrations des cordes vocales.

syllabation: dans la division d'un énoncé en syllabes, le français parlé privilégie la syllabation ouverte. Ainsi, quand une voyelle est suivie d'une seule consonne prononcée, celle-ci est enchaînée avec la voyelle suivante dans la prononciation. Par rapport au français, l'anglais est plutôt une langue à syllabation fermée.

syllabe: une unité phonique qui est obligatoirement composée d'une voyelle. La syllabe peut contenir une voyelle seulement, ou être accompagnée d'une semi-voyelle et de consonnes. Ainsi, dans la phrase **il a oublié l'heure,** il y a six syllabes: [$i $la $u $bli $je $lœʀ].

syllabe fermée: une syllabe qui se termine par une consonne du point de vue de la prononciation, par exemple: **plate** [plat].

syllabe ouverte: une syllabe qui se termine par une voyelle du point de vue de la prononciation, par exemple: **plat** [pla].

T

timbre: la qualité acoustique d'un son qui permet de le distinguer d'un autre.

tension articulatoire: l'énergie musculaire employée pour la production d'un son. En français, les sons sont articulés avec plus de tension qu'en anglais.

U

uvulaire: quand l'articulation d'un son se fait avec la participation de la luette (l'uvule). Par exemple, [ʀ] est une consonne dorso-uvulaire en français et est réalisée avec un léger frottement du dos de la langue contre la luette.

V

variante phonétique (ou **allophone**): quand il y a différentes réalisations du même phonème.

variation: réfère aux différentes prononciations des locuteurs en fonction de leur origine géographique, sociale, de la situation, formelle ou informelle, dans laquelle ils se trouvent.

vélaire: quand l'articulation d'un son est réalisée au niveau du palais mou. Par exemple, [g] est une consonne vélaire.

Index

Notes